어린이를 위한 시크릿

| 실천편 | 카네기 캠프

꿈을 이루는 인간관계의 일곱 가지 비밀 | **실천편** |

어린이를 위한 시크릿 카네기 캠프

글 최염순·김현태 | 일러스트 김미정 | 만화 강성남

꿈★을★이★루★는★인★간★관★계★의★일★곱★가★지★비★밀

머리말

인간관계는 곧 우리 인생의 뿌리예요!

미국의 카네기 연구소에서 성공한 사람들에게 물어보았어요.
"무엇이 당신을 성공으로 이끌었나요?"
그러자 15퍼센트의 사람들이 대답했어요.
"그거야, 내가 가진 지식과 기술 덕분이지요."
한편 85퍼센트의 사람들은 이렇게 대답했답니다.
"내가 성공할 수 있었던 것은 좋은 인간관계 때문이에요. 즉, 사람들과 좋은 관계를 맺는 능력이 나를 성공으로 이끈 것이지요."

이 이야기는 자신이 가진 많은 지식과 기술보다 사람들과 잘 지내는 능력, 그러니까 자신을 잘 표현하고 다른 사람의 생각을 잘 받아들이고, 협력을 얻어 내는 리더십을 가지고 있기 때문에 인생에서 성공할 수 있었다는 것을 보여 주지요.

2008년 데일 카네기 세계 대회는 전 세계에서 가장 살기 좋은 곳 중 한 곳으로 꼽히는 캐나다 밴쿠버에서 열렸어요.

이 대회에 참가하는 동안 아름다운 스탠리 공원을 구경할 기회가 있었지요. 공원을 걷다 보니 많은 큰 나무들이 쓰러져 있었어요. 이유를 알아보니 2006년 태풍이 왔을 때, 바람을 견디지 못하고 뿌리가 뽑혀서 쓰러진 것이었어요.

왜 많은 나무들의 뿌리가 뽑혔을까요?
 그건 뿌리가 단단하고 깊지 못했기 때문이었어요. 캐나다 벤쿠버는 일년 동안 날씨가 온화하고, 물이 풍부해 나무들이 뿌리를 깊게 내리지 않아도 영양분을 충분히 섭취할 수가 있었어요. 그래서 큰 나무라 하더라도 뿌리가 깊지 않았던 거지요.
 뿌리 깊은 나무는 태풍이 와도, 가뭄이 와도 잘 견디면서 성장해요. 오히려 가뭄 때에는 물과 영양분을 얻기 위해 뿌리를 더 깊이 내리지요.
 인생을 성공적으로 행복하게 사는 사람들의 특징은 무엇일까요? 그들은 일(공부)도 잘하고, 인간관계도 좋다는 거예요. 인간은 인간과 인간 사이에 관계를 맺으면서 살아가는 동물이에요.
 인간관계가 좋아지면 사람은 의욕이 생기고 행복을 느낀답니다. 행복을 느끼면 다른 사람을 행복하게 해 주고 싶어지지요. 그래서 일(공부)을 더 열심히 하게 돼요.
 인간관계가 좋아지면 좋아질수록 우리는 더욱더 행복하고 의미 있는 사람으로 살게 된다는 걸 꼭 알아 두세요. 인간관계는 곧 우리 인생의 뿌리거든요.
 이 책을 통해서 보다 많은 어린이들이 인간관계의 비밀을 배워 행복하고 즐거운 인생을 살기를 바랍니다.

최염순 (한국 카네기 연구소 소장)

꿈*을*이*루*는*인*간*관*계*의*일*곱*가*지*비*밀

차례

8 **입학식** /초대장을 가진 일곱 아이, 카네기 캠프에 오다

- 카네기 캠프에 입학한 일곱 친구들과 함께 꿈을 이루어 주는 인간관계의 일곱 가지 비밀을 찾아보세요.

26 **첫째 날** /이해의 비밀

- 서로 마음이 통하면 모든 것은 순조롭게 진행되고 또한 큰 힘을 발휘할 수도 있지요. 친구를 이해하지 못하고 미워했던 태풍이의 마음에는 어떤 변화가 생겼을까요?

48 **둘째 날** /칭찬의 비밀

- 사람들은 누구나 가슴속에 뛰어난 재능을 품고 있지요. 그 재능을 발휘할 수 있도록 자신과 친구들에게 신비로운 마법의 약을 써 보세요.

74 **셋째 날** /경청의 비밀

- 신이 우리에게 입을 하나만 주고 귀를 두 개 준 이유가 있답니다. 그건 적게 말하고 많이 들으라는 뜻이지요. 상대의 말을 잘 들어야 상대의 진심을 얻을 수 있겠지요?

98 **넷째 날** /관심의 비밀
- 누군가를 좋아한다면 그 친구가 좋아하는 것에 대해 관심을 가져야 해요. 그 친구가 뭘 좋아하고 어떤 생각을 하는지 잘 살펴보세요.

124 **다섯째 날** /배려의 비밀
- 남을 생각하지 않고 자신만을 위하는 세상은 사막과 같지요. 힘든 상황에서도 남을 배려하는 오아시스 같은 마음을 간직하세요.

148 **여섯째 날** /웃음의 비밀
- 이 세상에서 가장 아름다운 얼굴은 웃는 얼굴이랍니다. 친구와 싸운 뒤 전우와 후정이처럼 마주 보고 웃어 보세요. 웃음은 미움을 녹이고 슬픔과 괴로움을 뛰어넘는 힘이 있지요.

172 **일곱째 날** /믿음의 비밀
- 누군가를 의심을 하기 전에 한 번 더 믿어 보세요. 믿음이 강하면 의심이 들어올 틈이 없지요. 여러분도 친구 사이를 잇는 믿음의 끈을 절대 놓지 마세요.

198 **졸업식** /사람의 숲을 이루기 위해 카네기 캠프를 나서다
- 일곱 가지 비밀을 배우고 카네기 캠프를 떠나는 친구들처럼 여러분도 사람과 사람이 더불어 사는 정겨운 숲에서 꿈을 이룰 수 있는 비밀을 실천해 보세요.

얘들아, 이 세상은 혼자서 살 수 없어.
친구가 필요하고 이웃이 필요하고
부모님이 필요하고 친척이 필요하지.
사람은 사람과 어우러져 살아야 하는 거야.

.
.
.

좋은 인간관계를 맺는 것도
모두 다 마음먹기에 달렸어.

.
.

간절히 원하렴.
그럼 분명 이루어질 거야.

입학식 : 초대장을 가진 일곱 아이,
카네기 캠프에 오다

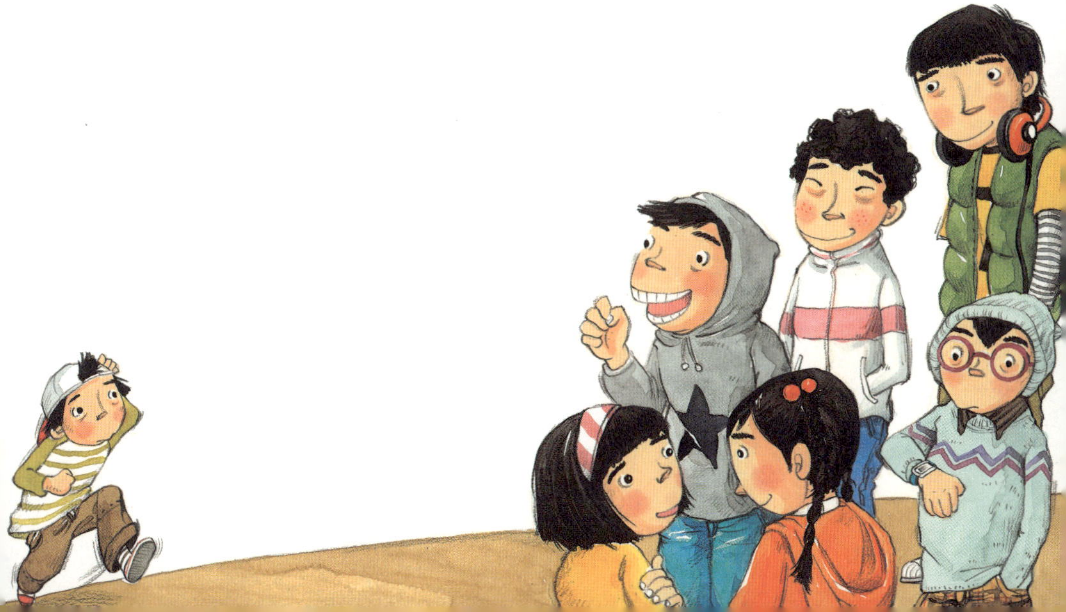

"태풍아, 어서 일어나~."

주방 쪽에서 엄마의 목소리가 들려왔다. 그런데 태풍이는 침대 위에서 꼼짝도 하지 않았다.

"태풍아, 아침밥 먹어~."

또다시 엄마의 목소리가 들려왔다. 태풍이는 잔뜩 인상을 찌푸리며 이불을 머리에서 발끝까지 뒤집어썼다.

잠시 뒤, 엄마는 쯧쯧 혀를 차며 태풍이의 방으로 들어왔다.

엄마는 침대 위에 누워 있는 태풍이를 보고 한숨을 내쉬며 말했다.

"휴~. 도대체 언제까지 잘 거니! 태풍아, 방학이라고 매일 이렇게 늦잠만 잘 거야! 어서 일어나!"

태풍이는 엄마의 잔소리에 어쩔 수 없이 눈을 떴다. 그리고 이불 밖으로 얼굴을 빼쭉 내밀더니 퉁명스럽게 말했다.

"일어났잖아."

"세수하고 어서 밥 먹어."

"알았어."

태풍이는 눈을 비비며 일어났다. 그리고 밖으로 나가려고 하는데 책상에 놓인 뭔가가 눈에 들어왔다.
"어? 저게 뭐지?"
책상 위에 놓인 것은 바로 한 통의 편지였다. 태풍이는 편지를 들어 이리저리 살펴보았다.
"나한테 온 거잖아."

편지 봉투에는 '이태풍'이라는 이름이 정확하게 적혀 있었다.

태풍이는 편지를 들고 거실로 나왔다. 그리고 엄마에게 물었다.

"엄마, 이 편지 뭐야? 어디서 났어?"

엄마는 밥그릇에 밥을 푸다가 태풍이를 돌아보며 말했다.

"어, 그 편지 말이지. 오늘 아침에 아빠가 너에게 전해 주라고 했어."

"아빠가? 왜?"

태풍이는 고개를 갸웃거리며 엄마에게 되물었다.

"그건 나도 모르지. 편지를 읽어 보면 너도 알겠지. 궁금하면 읽어 봐."

태풍이는 서둘러 편지 봉투에서 내용물을 꺼냈다. 하나는 아빠의 편지고 또 하나는 초대장이었다. 편지지에는 다음과 같이 적혀 있었다.

태풍아, 아빠는 오늘도 출장을 간다. 너랑 많이 놀아 주지 못해 미안하구나.

곧 너의 생일도 다가오는데 무슨 선물을 할까, 많은 고민을 했어. 게임기를 선물하려고 했는데 그보다는 너의 미래를 위해 보다 뜻깊은 선물을 해야겠다고 생각했어.

그래서 널 '카네기 캠프'에 보내기로 했어. 부디, 이 선물이 너에게 기쁨이 되었으면 한다.

널 누구보다도 더 사랑하는 아빠가

초대장에는 다음과 같이 적혀 있었다.

이태풍 군을 카네기 캠프에 초대합니다.

오늘 오전 11시까지 카네기 캠프로 오십시오.

오는 길 : '푸릇푸릇 공원' 옆 샛길로 들어오면 소나무 숲이 있습니다. 오른편 길가 쪽에 서 있는 소나무 열두 그루를 세면서 걸어오면 두 갈래 길이 나옵니다. 오른쪽 언덕길로 오십시오. 그리고 마음속으로 30을 세며 걷다 보면 카네기 캠프가 보일 겁니다.

캠프장 카네기 드림

"엄마, 이게 도대체 어떻게 된 거야? 카네기 캠프는 뭐고 초대는 뭐야?"

"그 편지 내용 그대로지. 오늘 몇 시까지니?"

"엄마! 지금 몇 시가 문제야. 도대체 이게 뭐냐고! 내가 왜 캠프에 가야 하냐고!"

"나도 자세한 건 모르겠어. 그건 아빠가 출장에서 돌아오시면 물어봐."

"아빠는 언제 오시는데?"

"미국 출장이라 좀 걸린다고 했어. 일주일 후에 오셔."

"그럼 아빠에게 물어볼 수도 없잖아!"

"그러니까 거기 적힌 대로 하면 돼. 아빠의 선물을 거절하면 아빠가 많이 서운해하실 거야."

태풍이는 머리가 아파 오기 시작했다. 안 갔다가는 아빠의 성의를 무시하는 것 같고 그렇다고 가자니 그곳이 어떤 곳인지도 모르겠고. 참으로 답답했다.

엄마는 웃음을 띠며 말했다.

"분명 좋은 곳일 거야. 아빠가 널 생각해서 그런 결정을 내린 거겠지. 그러니 어서 아침 먹고 출발하도록 해. 알았지?"

태풍이는 시무룩한 표정을 짓더니 혼잣말로 중얼거렸다.

"아빠는 나한테 한마디도 상의하지 않고……."

태풍이는 마음 한켠이 서운함으로 가득 찼지만 그래도 또 다른 마음 한켠에는 왠지 모를 기대감으로 가득 찼다.

"그래, 심심하던 차에 잘됐지 뭐. 그런데 도대체 카네기 캠프는 어떤 곳일까?"

태풍이는 빠른 걸음으로 '푸릇푸릇 공원'으로 향했다. 공원 입구에 도착한 태풍이는 주머니에서 초대장을 꺼내 보았다.

"샛길이라고 했지? 어, 저기구나."

태풍이는 공원 옆 샛길로 걸어갔다. 한참을 걸어가니 초대장에 적힌 대로 소나무 숲이 저 앞에 보였다.

"어, 소나무 숲이다. 오른편 길가 쪽에 서 있는 소나무 열두 그루를 세라고 했지?"

태풍이는 걸어가며 소나무를 한 그루씩 세기 시작했다.

"하나, 둘, 셋, 넷."

소나무들의 간격은 그리 일정하지 않았다. 소나무와 소나무 간격이 아주 가까운 것도 있고, 10미터 정도 떨어진 것도 있었다.

"다섯, 여섯, 일곱, 여덟, 아홉."

한참을 걸어가니 또 한 그루의 소나무가 있었다.

"열. 휴~. 이제 두 그루만 만나면 된다."

또 한참을 걸어가니 소나무가 보였다. 소나무 두 그루가 마치 하나인 것처럼 딱 달라붙어 있었다.

"어, 붙어 있네. 겨울에는 춥지 않겠다. 열하나, 열둘. 이제 다 셌다. 오른쪽 언덕길이라고 했지?"

태풍이는 오른쪽 언덕길로 들어섰다. 그리고 마음속으로 30을 천천히 세며 걸어갔다. 30을 세다 보니 어느새 언덕 꼭대기에 이르렀다.

"저기다! 바로 저기다!"

저 밑에 꽤 큼지막한 건물 하나가 보였다. 태풍이는 반가운 마음에 언덕길을 달려 내려갔다.

꿈·을·이·루·는·인·간·관·계·의·일·곱·가·지·비·밀

태풍이는 순식간에 카네기 캠프장 운동장에 도착했다. 그런데 저 앞에 대여섯 명의 아이들이 모여 있었다. 그 중에 몸집이 뚱뚱한 아이가 태풍이를 향해 소리쳤다.
"야, 너 빨리 뛰어와. 너 때문에 우리가 많이 기다렸잖아."
태풍이는 머리를 긁적거리며 아이들 쪽으로 뛰어갔다.

그리고 손목시계를 보았다. 11시 30분이었다. 그러고 보니 초대장에는 11시까지 도착하라고 적혀 있었던 것 같았다.

태풍이는 작은 목소리로 말했다.

"어, 미안해. 그, 그런데 너희들은 누구니?"

그러자 뚱뚱한 아이가 대답을 했다.

"나부터 소개할게. 난 천하야. 최천하. 너희들도 각자 소개해."

이번엔 예쁜 머리띠를 한 새침하게 생긴 여자아이가 방긋 웃음을 띠며 말했다.

"나는 나미야. 반가워."

이어 안경을 쓴 대로, 마르고 키가 큰 후정이, 곱슬머리 전우도 반갑게 인사를 했다.

"나는 이대로야. 어서 와."

"나는 김후정이야. 반가워."

"난 박전우야."

마지막으로 머리를 양 갈래로 딴 다희도 인사를 건넸다.

"난 민다희야."

태풍이는 인사를 받느라 정신이 없었다. 태풍이도 아이들에게 자기를 소개했다.
"나는 이태풍이야. 모두들 만나서 반가워. 그런데 너희들은 아는 사이니? 서로 친한 것 같은데……."
대로가 코끝에 걸린 안경을 추켜올리며 대답했다.
"우리도 오늘 처음 만났어. 그런데 태풍이 너 덕분에 친해졌어."
"나 덕분에?"
대로의 말을 이어 나미가 말했다.
"그래, 너 기다리는 동안 우리끼리 인사를 했거든."
나미의 말을 듣고, 태풍이의 얼굴이 조금 붉어졌다. 늦게 온 게 새삼 미안했다.
이어 태풍이는 아이들에게 물었다.
"그런데 너희들은 이곳에 어떻게 오게 된 거니? 난 아빠가 보냈어."
천하가 대답했다.
"난 엄마가 보냈어. 이곳에 오면 마음껏 먹을 수 있다고 해서 왔는데 막상 와 보니 그럴 것 같지 않아 보여.

완전 속았어. 그리고 다른 친구들도 대부분 너랑 같아. 아빠한테 초대장을 받았대. 참, 후정이는 삼촌이 보내서 왔고."

"그렇구나. 다들 초대장을 받았구나. 그런데 이제 우리 어떡하지?"

천하가 손가락으로 건물을 가리키며 말했다.

"다 모였으니까 이제 저 안으로 들어가야지. 자, 가자."

그때였다.

휘이익~.

어디선가 바람이 강하게 불어왔다. 먼지와 나뭇잎이 날렸다.

"어~."

아이들은 두 눈을 질끈 감은 채 몸을 움츠렸다.

바람은 점점 심해졌다. 아이들은 잔뜩 겁에 질린 표정이었다. 후정이가 덜덜덜 떨리는 목소리로 말했다.

"어떡해? 이러다 날아갈 것 같아. 야, 천하야. 나 좀 잡아 줘."

천하는 후정이의 허리를 꽉 잡았다. 아이들은 모두 온몸에 힘을 주며 버텼다.

잠시 뒤, 바람이 서서히 약해졌다. 움츠렸던 아이들도 어깨를 폈다.

아이들은 하나 둘 눈을 떴다. 그런데 어디선가 희미하게 바이올린 소리가 들려왔다.

"어, 이 소리가 뭐지?"

"누가 바이올린을 켜나 봐."

바이올린 소리는 참으로 아름다웠다. 점점 소리가 크게 들렸다.

한 중년의 남자가 바이올린을 켜며 아이들이 있는 쪽으로 걸어오고 있었다.

"저기 봐. 바이올린……."

전우가 남자를 가리키자, 아이들은 일제히 그 남자를 바라보았다.

남자는 방긋 웃으며 계속 바이올린을 켰다. 어느새 남자는 아이들 앞까지 왔다.

남자는 바이올린을 내려놓은 후, 아이들에게 반갑게

인사를 했다.

"안녕, 카네기 캠프에 온 걸 환영해요."

눈치 빠른 나미가 먼저 입을 열었다.

"그럼 혹시 카네기 선생님이신가요?"

"그래, 내가 카네기야. 나를 부를 땐 그냥 편안하게 카네기라고 불러. 그리고 이렇게 만나게 돼서 반가워. 여러분 입학을 축하해 주기 위해서 바이올린 연습을 한 달 동안이나 했는데 연주는 들을 만했니?"

"아름다웠어요."

"훌륭했어요."

카네기는 기뻐하며 말했다.

"그렇게 말해 주니 고맙구나."

다희가 머리를 만지작거리며 카네기에게 물었다.

"그런데 이곳은 어떤 곳이에요?"

카네기는 다정한 목소리로 말했다.

"일주일 동안 여기서 지내 보면 알게 될 거야."

아이들은 모두 두 눈이 휘둥그레졌다. 일주일 동안 여기서 머물러야 한다는 사실을 미처 몰랐기 때문이다.

"엄마가 그런 말은 안 했는데……."

"함께 지내다 보면 일주일이 그리 길게 느껴지지 않을 거야."

카네기의 말을 들은 전우가 눈을 깜박거리며 물었다.

"그런데 카네기, 여기서 우리는 뭘 배우는 거예요?"

"그건 말이야. 으음, 뭐랄까. 그러니까……."

카네기가 말을 잠시 멈추더니 생각에 잠겼다. 그리고 잠시 뒤, 입을 열었다.

"너희들 오는 길에 소나무 숲을 봤을 거야. 이곳에서 숲에 대해서 배울 거야. 숲이란 어떤 거니? 소나무 한 그루를 소나무 숲이라고 말할 수 있니? 그렇지 않지? 하나가 아닌 여럿이 모여야 숲이라고 말할 수 있지. 이곳에서 너희들은 '사람의 숲'을 만드는 방법을 배울 거야."

"사람의 숲요?"

"그래, 사람과 사람이 더불어 살고 서로의 마음을 나누며 사는 정겨운 숲, 사람의 숲 말이야. 일주일 후면 너희들은 그 숲을 이룰 수 있을 거야."

아이들은 고개를 갸우뚱거렸다. 카네기의 말을 알아들은 것 같기도 하고 그렇지 않은 것 같기도 했다.

그러나 아이들의 표정은 해맑았다. 그 이유는 카네기 캠프에서 보낼 일주일 동안 무슨 일이 일어날지, 카네기는 과연 어떤 사람인지, 새롭게 만난 친구들은 어떤지, 무엇을 배울 것인지 모두 다 궁금하고 기대되고 설레기 때문이었다. 그렇게 카네기 캠프의 첫째 날이 시작되었다.

첫째 날
이해의 비밀

빨, 주, 노, 초, 파, 남, 보.
무지개의 빛깔이 다양하듯,
사람들도 각기 생각과 살아가는 방식이 달라.
그러니 네 입장만 내세우지 말고
상대편의 입장에서 볼 줄 알아야 해.
그게 바로 '이해'야. 이해하는 마음만 있다면
세상은 훨씬 부드러워지고 아름다워질 거야.

카네기 캠프배
축구 대회

카네기 캠프배 축구 대회

운동복을 입은 카네기가 한 손에 축구공을 들고 교실로 들어왔다.

카네기의 모습을 보더니 태풍이가 들뜬 목소리로 물었다.

"카네기, 웬 축구공이에요? 혹시 지금 축구 시간인가요?"

"그래, 축구 경기를 할 테니 다들 운동장으로 나오렴."

"와~. 신난다."

다른 아이들보다 유난히 태풍이는 기뻐했다. 그 이유는 이미 학교에서 축구 선수로 활약할 만큼 축구를 좋아하고 실력도 뛰어나기 때문이었다.

태풍이는 어깨를 우쭐거리며 말했다.

"나랑 같은 편 하는 사람은 무조건 이길 거야. 이래 봬도 내가 우리 학교 축구 선수거든."

그러자 천하가 태풍이의 팔을 잡아당기며 다정하게 말했다.

"태풍아, 무조건 나는 네 편이다. 알았지?"

"아직은 모르지. 너 하는 거 봐서."

"앞으로 잘할게. 태풍아, 우리 같은 편 하자."

천하는 갑자기 태풍이의 등 뒤로 가더니 태풍이의 어깨를 주물렀다.

그러자 태풍이는 거만한 표정을 지으며 말했다.

"알았어, 너는 내 편이다."

잠시 뒤, 아이들이 운동장으로 모였다.

카네기는 곤란한 표정을 지으며 말했다.

"지금 인원수가 일곱 명인데 어떡하지? 팀을 나누어야 하는데 숫자가 맞지 않는구나."
그러자 태풍이가 입을 열었다.
"제가 축구를 잘하니까 저희 팀은 세 명이면 돼요. 상대편은 네 명으로 하세요."
"정말 그래도 되겠니?"
태풍이는 자신감 넘치는 말투로 이어 말했다.
"천하고 나미랑 저랑 같은 팀을 할게요. 천하고 나미, 너희 생각은 어때?"
나미하고 천하는 고개를 끄덕였다.

카네기는 축구공을 아이들 앞에 놓으며 말했다.
"그래, 팀이 정해졌으니 바로 축구 경기를 하도록 하겠다. 인원수가 적으니까 미니 축구다. 저기 보이지? 골대는 아주 작다. 그리고 전반전, 후반전 따로 없이 20분 동안 할 거다. 알았지?"
"예."

삐익~.

카네기의 호루라기 소리와 함께 경기가 시작되었다.

태풍이는 공을 몰고 상대편 골대를 향해 돌진했다. 축구 선수라 그런지 공을 다루는 솜씨가 뛰어났다. 천하는 일찌감치 상대편의 골대 앞에 가 있었다. 천하는 태풍이에게 큰소리로 외쳤다.

"태풍아, 나한테 패스해! 여기! 여기! 아무도 없어!"

그러나 태풍이는 천하에게 패스를 하지 않고 혼자서 계속 공을 몰고 갔다. 태풍이는 마음속으로 생각했다.

'치, 너같이 뚱뚱한 녀석한테 공을 줬다가는 우리 팀이 지고 말아!'

그런데 상대팀인 대로와 다희 그리고 전우가 한꺼번에 태풍이에게 달려드는 바람에 그만 태풍이는 공을 뺏기고 말았다.

"이런! 큰일이네."

태풍이는 같은 팀인 나미에게 소리를 질렀다.

"나미야, 나오지 말고 골대에 바짝 붙어 있어."

그러나 나미는 그만 상대팀의 공을 막아 볼 요량으로

앞으로 뛰쳐나왔다.

"와, 골이다!"

태풍이네 팀이 한 골 먹고 말았다. 태풍이는 한숨을 내쉬며 짜증 섞인 말투로 내뱉었다.

"나오지 말라니까! 도대체 왜 내 말을 안 들어! 이해할 수 없네!"

다시 경기가 시작되었다.

이번에도 태풍이가 공을 몰고 나갔다. 천하는 저 앞에서 손을 번쩍 들며 계속 소리쳤다.

"태풍아, 여기! 나한테 패스해!"

그러나 태풍이는 이번에도 혼자 공을 몰고 갔다. 상대 팀 아이들이 한꺼번에 태풍이 쪽으로 몰려오자, 어쩔 수 없이 태풍이는 골대 앞으로 공을 쳤다.

"천하야~. 자, 받아! 천하야~. 빨리 뛰어!"

천하는 공을 받으려고 있는 힘을 다해 뛰었다. 그러나 뚱뚱해서 그런지 역부족이었다. 결국 공이 밖으로 나가고 말았다.

어느덧 20분이 다 지나고 말았다. 승부는 2 대 0. 태풍이네 팀이 지고 말았다. 상대팀은 승리의 기쁨으로 환호성을 질렀지만 태풍이네 팀은 침울한 표정을 지었다.
"삐익~".
카네기가 호루라기를 불며 말했다.
"다들 교실로 들어가도록 해."
다른 아이들은 다 교실로 갔다. 그런데 태풍이는 진 것이 분한지 쉽사리 자리를 뜨지 못했다.
"태풍아, 많이 속상하지?"
카네기가 태풍이에게 다가오더니 조심스럽게 말을 건넸다.
"예, 나미하고 천하는 왜 그렇게 축구를 못하는지 모르겠어요. 둘 때문에 우리 팀이 진 거라고요."
"그래그래, 내가 보기에 너는 아주 잘하더라. ……그런데 말이야. 태풍아, 내 보기에 나미도 공을 막으려고 최선을 다한 것 같고 또 천하도 속도가 좀 느리긴 했지만 그래도 20분 동안 쉬지 않고 열심히 뛴 것 같던데."
"나미한테 나오지 말라고 했는데 나오는 바람에 골을 먹었어요. 천하도 마찬가지예요. 패스를 했으면 잘 받아서 골을 넣어야지. 놓치면 어떡해요."
그러자 카네기는 입가에 웃음을 띠며 말했다.
"천하가 좀 느리니까 태풍이 네가 패스를 바로 천하 발밑으로 했으면 좋았을 텐데. 안 그러니?"
"그, 그래도 더 빨리 달렸어야죠."
태풍이는 입술을 내민 채 작은 목소리로 대답했다.
카네기는 손으로 태풍이의 어깨를 토닥거리며 말했다.

"태풍아, 네가 친구들을 이해하렴. 이해하지 못하고 비난만 하면 결국 친구랑 거리만 멀어질 뿐이야. 이해하지 않고는 결코 하나가 될 수 없지. 내가 이야기 하나를 해 줄 테니 잘 들어 보렴."

어느 동물 마을에 결혼식이 있었어. 신랑은 화려한 갈기를 가진 멋진 사자였고 신부는 예쁘게 생긴 젖소였어. 둘은 서로 아껴 주며 사랑하자고 새끼손가락을 걸며 약속했어.

사자는 젖소에게 가장 맛있는 음식을 주려고 고민했어.

"그래, 금방 사냥한 아주 신선한 고기를 줘야 되겠군. 그럼 아내가 무척 좋아할 거야."

사자는 열심히 사냥을 해서 노루 한 마리를 잡았어. 사자는 기쁜 마음으로 노루를 젖소에게 내밀었지.

"내가 금방 사냥한 싱싱한 고기야. 어서 먹어."

젖소는 기뻐하며 고기를 먹었어. 그런데 매일 풀만 먹

고 살았기 때문에 고기는 너무나 질기고 맛이 없었어.

다음 날, 젖소도 사자를 위해 맛있는 음식을 대접하고 싶었어.

"그래, 아주 싱싱한 풀을 주는 거야. 그럼 무척 좋아할 거야."

젖소는 하루 종일 풀을 뜯어 모았어. 그리고 늦은 오후, 사자에게 아주 많은 양의 풀을 가져다주었지.

"내가 풀 좀 뜯어 왔어요. 어서 먹어요."

사자는 애써 웃으며 풀을 먹기 시작했어. 매일 고기만 먹다가 풀을 먹으려니 맛도 없고 아무리 먹어도 배가 부르지 않았어.

다음 날에도 둘은 서로에게 맞지 않는 음식을 주었어. 결국, 둘은 싸우게 되었지.

"도대체 이따위 것을 어떻게 먹어! 풀을 먹는 동물들을 도저히 이해할 수 없어!"

"나도 마찬가지예요. 고기 따위가 뭐가 맛있다고 그래요!"

끝내, 둘은 마음의 상처를 입고 헤어지게 되었어.

"사자와 젖소는 진정으로 서로 사랑한다고 볼 수 없어. 그 이유는 상대방을 이해하지 못하고 비난만 했기 때문이야. 이해 없이는 하나가 될 수 없어. 태풍이 너도 마찬가지야. 친구와 힘을 모아 목표를 이루기 위해선 일단 그 친구들을 이해해야 해. 서로 마음이 통하면 모든 것은 순조롭게 진행되고 또한 큰 힘을 발휘할 수도 있지."

순간, 태풍이는 얼굴이 붉어졌다. 천하와 나미를 이해하지 못한 채 비난만 한 게 미안했다.

"저, 정말 서로 이해를 하면 큰 힘을 발휘할 수 있나요?"

"그렇지, 이해를 하면 아무리 고집 센 송아지도 움직일 수 있단다. 내 이야기를 잘 들어 보렴."

미국의 시인 에머슨이 어렸을 때 겪은 일이란다.

에머슨은 혼자서 송아지를 외양간 안으로 넣으려고 했지. 아무리 힘을 써도 송아지는 꿈쩍도 하지 않는 거야. 어쩔 수 없이 에머슨은 아빠를 큰소리를 불렀어.

"아빠, 저 좀 도와주세요. 송아지가 안 움직여요."

무슨 일인가 하고 아빠는 밖으로 나와 봤지. 아빠는 빙그레 웃으며 말했어.

"그래, 송아지를 외양간에 넣으려고 그러는구나? 내가 도와줄게."

아빠는 송아지의 엉덩이를 힘껏 밀었어. 그런데 송아지는 움직일 생각도 안 했어.

에머슨도 아빠를 도왔지. 에머슨은 앞다리를 잡아당겼어. 그런데 여전히 송아지는 제자리였지.

이때 그 광경을 지켜보던 늙은 하인이 달려왔어.

"힘으로만 하면 안 움직입니다."

그렇게 말하더니 하인은 자기의 손가락 하나를 송아지의 입에 물려 주었어.

그러자 송아지는 젖을 빨듯이 손가락을 빨기 시작했지.

"그래그래, 잘한다. 그렇지."

송아지는 하인을 따라 외양간 안으로 들어갔지.

에머슨과 아빠는 깜짝 놀랐어. 아무리 힘을 써도 움직이지 않던 송아지가 너무나 쉽게 움직이는 거야. 송아지를 움직인 비결을 하인에게 물었지. 그러자 하인이 웃으며 말했어.

"아직 송아지는 어립니다. 그러니 엄마의 젖이 그립지요. 그래서 제 손가락을 물려 준 겁니다. 송아지의 마음을 이해했기에 쉽게 움직일 수 있었지요."

"송아지를 움직일 수 있었던 건 힘이 아니라 바로 이해였어."
태풍이는 고개를 끄덕였다.
"태풍아, 이 세상에서 가장 넓은 게 뭔 줄 아니?"
태풍이는 손가락으로 입술을 만지작거리며 말했다.
"바다요."
"아니야."
"그럼 아, 하늘요."
"그것도 아니야."
"바다보다 하늘보다 더 넓은 건 바로 '이해'라는 거야.

누군가를 이해한다면 그 마음은 하늘도 바다도 아니, 우주까지도 다 담을 수 있는 거야. 태풍이 너도 그 넓은 마음을 갖고 싶지 않니?"

"갖고 싶어요."

"그럼 어떻게 해야겠니?"

태풍이는 멋쩍은 표정을 짓더니 피식 웃으며 말했다.

"히히, 나미랑 천하에게 미안하다고 말해야겠어요."

"그래, 태풍이는 정말 멋진 아이로구나. 미안하다고 말하는 게 바로 서로를 알아 가는 이해의 시작이지."

"카네기, 저 그만 교실로 가 볼게요."

태풍이는 축구공을 몰며 교실로 향해 걸어갔다. 태풍이의 발걸음이 유난히 가벼워 보였다.

태풍이의 뒷모습을 바라보며 카네기는 흐뭇한 표정을 지었다.

그렇게 카네기는 아이들에게 '이해의 비밀'을 알려 주었다.

시크릿 노트

이해의 마음을 배운 카네기

어느 날, 카네기는 친구 프랭크 가몬드와 함께 어느 연회장에 참석했다.

카네기는 연회장 이곳저곳을 돌면서 사람들과 인사를 나누며 즐거운 시간을 보냈다.

"반갑습니다. 여전히 얼굴이 좋으시네요."

"별 말씀을요."

카네기와 프랭크 가몬드는 연회장에서 식사를 하고 있었다.

그런데 같은 테이블에 앉은 한 젊은이가 다른 사람들을 향해 이야기를 시작했다.

"성경에 '인간이 아무리 일을 하려고 해도 최종 결정은 신이 내린다.'라는 말이 나오네."

젊은이의 말을 듣고 있던 카네기는 고개를 갸웃거렸다.

'어? 저 말은 성경에 나오는 말이 아니라 셰익스피어가 한 말인데.'

카네기는 젊은이에게 말했다.

"그 말은 성경에 나오는 말이 아닙니다. 그 말은 셰익스피어의 작품에 있는 말이오."

그러자 젊은이는 고개를 내저으며 말했다.

"아닙니다, 성경에 나오는 말입니다."

사람들은 과연 누구의 말이 맞을까 하고 카네기와 젊은이를 번갈아 쳐다보았다.
카네기는 친구인 프랭크 가몬드에게 물었다.
"자네는 알 것이네. 자네가 말해 주게. 저 말이 어디에 나오는 말인가?"
그러자 프랭크 가몬드는 카네기의 옆구리를 툭 치면서 말했다.

"자네가 틀렸네. 저 젊은이의 말이 맞아. 그 말은 성경에 있는 말일세."

집으로 돌아오는 길에 카네기는 친구에게 따지듯 물었다.
"자네, 정말로 그 말이 성경에 나오는가?"
그러자 친구는 빙그레 웃으며 말했다.
"아니, 자네 말이 맞네. 셰익스피어의 작품 햄릿 5막 2장에 나오는 말이지."
카네기는 놀란 표정으로 물었다.
"알면서 왜 그 자리에서 내가 틀렸다고 했나?"
친구는 카네기의 어깨를 어루만지며 말했다.

"그 젊은이를 자네가 이해하게. 자네가 틀렸다고 해 줌으로써 그 젊은이의 체면을 세워 주었네. 자네가 멋진 사람일세."

친구의 말에 카네기는 고개를 끄덕이며 흐뭇한 미소를 지었다.
"그래그래, 맞고 틀리고가 중요한 게 아니지. 내가 자네에게 넓은 마음씨를 한수 배웠네."

시크릿 박스

🦋 아주 사소한 것을 이해하는 데에도 의외로 오랜 시간이 걸린다.

– 에드워드 달버그(미국 소설가)

　누군가를 이해한다는 것은 그리 쉬운 일이 아니에요. 이해를 한다는 건 그 사람의 마음과 생각과 생활 방식까지 다 받아들여야 하기 때문이지요. 그러나 나 위주가 아닌 그 사람 위주로 생각해 준다면 의외로 짧은 시간에도 서로 하나가 될 수 있어요. 이해를 하고 안 하고는 결국 마음 먹기에 달린 거지요. 이제부터는 비난하거나 비판하지만 말고 이해해 보려는 마음을 가져 보세요.

🦋 남을 비난하는 것은 위험한 불꽃이다. 그 불꽃은 자존심이라는 화약고에 불을 당기기 쉽다. 이 폭발은 가끔 사람의 생명까지 빼앗아 간다.

– 데일 카네기(미국 경영 컨설턴트)

　상대방의 의견이 나의 의견과 다르다고 해서 상대방을 많은 사람 앞에서 공개적으로 비난을 하거나 멸시를 해선 안 돼요. 많은 사람 앞에서 창피를 당하는 것만큼 괴롭고 자존심 상하는 일은 없지요. 그러기 때문에 굳이 상대방의 잘못을 지적하고 싶다면 단둘이 있을 때, 마음의 상처를 받지 않도록 상냥하고 진심어린 말투로 전하

도록 하세요. 그게 사람에 대한 예의이며 사람을 이해하는 방법이랍니다.

> 어떤 것이든 그것에 대해 잘 알지 않고서는 사랑하거나 미워할 수 없는 것이다.
> — 레오나르도 다빈치 (이탈리아 과학자, 철학자)

진정한 사랑이란 이해로부터 시작돼요. 상대방을 이해하지 않고 말로만 사랑한다고 하면 그건 진짜 사랑이 아니지요. 마음을 열고 상대방의 생각과 행동을 받아들이며 모든 것을 이해해야만 진정으로 사랑한다고 말할 수 있답니다.

> 삶을 살아가면서 무엇이든 간에 겁낼 필요가 없다. 왜냐하면 그것은 오직 이해되도록 기다리고 있을 뿐이기 때문이다.
> — 마리 퀴리 (폴란드 물리학자)

서로 생각이 달라서 대립을 하고 있더라도 언젠가는 하나가 될 거라는 믿음을 가져야 해요. 끊임없이 대화하고 다가간다면 언젠가는 이해의 마음도 열리게 되지요. 그리고 서로를 이해하는 순간, 아무리 미운 사람도 심지어 전쟁터에서 만나는 적도 하나가 될 수 있어요. 이해라는 것은 서로의 벽과 장애를 허무는 위대한 힘을 가지고 있답니다.

1%의 시크릿

내 얘기 좀 들어 볼래?

나는 유명한 비행기 조종사
밥 후버.

어느 날, 공중 쇼 비행을 마치고
비행장으로 돌아오는 길이었다.
그런데 갑자기 비행기 엔진이 작동하지 않았다.

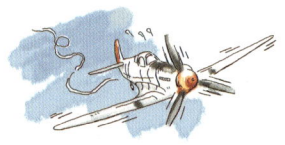

"이대로 죽을 순 없어!"
다행히 나는 당황하지 않고
침착하게 착륙했다.

엔진이 작동하지 않은 이유는 정비사의 실수 때문이었다.
"죄송합니다. 제가 연료 탱크에 제트기 연료
대신 휘발유를 넣었습니다."

정비사는 자신의 실수 때문에 괴로워하며
정비사의 직업을 그만두려고 했다.

나는 무척 화가 났지만
빙그레 웃으며 정비사에게 말했다.
"처음엔 누구나 실수를 하지.
자네는 초보이니까 이해하네.
다음부터 잘하게."

나는 정비사에게 화를 내고 비난하기보다
그를 이해하려고 했다.

그 후, 정비사는
두 번 다시 실수하지 않았다.
훗날, 그 정비사는 최고의 실력을
자랑하는 일등 정비사가 되었다.

나는 깨달았다.
누군가를 비난하지 않고 이해한다는 게
그 사람의 인생을 바꿔 놓을 수도
있다는 사실을.

첫째 날 * 이해의 비밀 | 47

둘째 날
칭찬의 비밀

맛있는 반찬이 많으면 많을수록 밥맛이 좋듯
서로에 대한 칭찬이 많이 오갈수록
대화는 즐거워지고 마음이 포근해지게 마련이야.
'칭찬은 고래를 춤추게 한다'라는 말도 있잖아.
이제부터 대화의 시작은 칭찬으로 하는 거야.

위대한 **꿈**의 발표회에서

생긴 일

위대한 꿈의 발표회에서 생긴 일

아이들은 책상에 고개를 박고 공책에 무엇인가를 열심히 쓰고 있었다.

한참 후에 카네기는 아이들에게 물었다.

"이제 다 됐니?"

"아, 아니요. 5분만 더요."

"그래그래, 멋진 열매를 맺기 위해서는 씨앗을 정성스럽게 뿌려야지."

카네기는 아이들에게 '나의 꿈'이라는 주제로 글쓰기

숙제를 내준 것이다.

5분이 지난 후, 아이들은 이미 다 글을 썼는지 여유로운 표정을 지었다. 그런데 천하는 글쓰기가 잘 안 되는지 한숨을 내쉬었다.

카네기는 천하에게 다가가 작은 목소리로 말했다.

"천하는 이루고 싶은 꿈이 아주 많은 모양이구나. 시간은 충분하니까 천천히 쓰렴."

10분 정도가 지나자 천하도 연필을 놓았다.

카네기는 아이들에게 말했다.

"이제 '나의 꿈'에 대해 한 사람씩 발표를 하도록 하자. 모두 다 대강당으로 가자."

"대강당요?"

다희가 자리에서 일어나 카네기에게 물었다.

"그래, 대강당에서 할 거다. 어서 따라오너라."

잠시 뒤, 카네기와 아이들은 대강당에 도착했다. 저 멀리 강단 위쪽 벽면에 '위대한 꿈의 발표회'라고 쓴 두꺼운 종이가 붙어 있었다.

대강당에 들어선 아이들은 두 눈이 휘둥그레졌다.
"와, 정말 넓다."

"그래, 정말 넓지. 굳이 이렇게 넓은 곳에서 발표회를 여는 이유는 바로 여러분의 꿈을 담기에는 교실이 너무 작기 때문이야. 한 사람씩 저 강단에 올라가 자신의 꿈에 대해서 발표를 하도록 하자. 누구부터 할까? 어, 대로부터 할래?"

"예."

대로는 뚜벅뚜벅 강단으로 올라갔다. 그리고 자신의 꿈을 적은 공책을 보며 큰 목소리로 발표를 시작했다.

나의 꿈은 의사입니다. 그 이유는 할머니가 많이 아프시기 때문입니다. 빨리 의사가 되어서 할머니의 병을 낫게 해 드리고 싶습니다.
엄마도 내가 의사가 되었으면 좋겠다고 하셨습니다.
그래서…… 나는 꼭 의사가 될 것입니다.
이상입니다.

짝짝짝.
대로의 발표가 끝나자, 아이들은 크게 손뼉을 쳤다.

"다음은 누가 할까?"

카네기는 아이들을 훑어보았다. 그런데 아이들은 다들 카네기의 시선을 피했다. 특히, 천하는 고개를 푹 숙인 채 울상을 짓고 있었다.

"이번에는 나미가 한번 해 볼까? 나미야, 나가서 발표해 보렴."

"예."

나미는 짧게 한번 숨을 내쉬더니 이내 또박또박 발표를 했다.

나미의 발표가 끝나자 짝짝짝 박수 소리가 들렸다. 이어 태풍이, 후정이, 다희, 전우가 차례차례 발표를 했다.

"이제 천하만 남았구나."

카네기의 눈과 천하의 눈이 마주쳤다. 순간, 천하의 얼굴은 그림자가 드리운 것처럼 어두워졌다.

"천하야, 너의 꿈이 뭔지 궁금하구나. 어서 들려주렴."

천하는 강단을 향해 걸어갔다. 그런데 걸어가는 모습이 마치 도살장에 끌려가는 소 같았다. 강단에 오른 천하는 다리를 후들후들 떨었다.

사실, 천하는 이제까지 단 한 번도 사람들 앞에서 발표를 한 적이 없었다.

천하는 드디어 입을 열었다. 그런데 목소리가 개미 기어가는 소리보다 더 작았다.

아이들은 웅성거리기 시작했다.

"덩치는 산만 한데 왜 그렇게 목소리가 작지?"

"하나도 안 들리잖아."

아이들의 반응에 천하는 더더욱 주눅이 들었다. 그래서 천하의 목소리는 입 안에서만 옹알거릴 뿐 도저히 무슨 말인지 알아들을 수가 없었다.

그때, 카네기가 아이들에게 말했다.

"너희들이 떠드니까 잘 안 들리잖니. 나는 천하의 목소리가 잘만 들린다. 너희들도 귀를 크게 열고 들어 봐."

카네기는 천하에게 말을 건넸다.

"천하야, 괜찮아. 괜찮아. 계속해."

카네기의 격려 덕분인지 천하의 목소리가 조금 더 커졌다.

…… 전 단점덩어리예요. 뚱뚱하고 공부도 못하고 그리고 집도 가난해요.
　　그런데 하고 싶은 건 있어요. 웃을지 모르겠지만 저는 춤을 추고 싶어요.

　카네기는 다른 아이들이 눈치채지 못하게 몰래 천하에게만 엄지손가락을 치켜 보였다. 카네기가 보낸 신호를 보고 천하는 기분이 좋아졌다. 천하의 목소리는 조금 더 커졌다.

　　열심히 춤을 배워서 꼭 나중에 가수 비랑 댄스 베틀을 하고 싶어요.
　　이상입니다.

　천하는 다른 아이들보다 자신감이 좀 부족했지만 그래도 나름대로 최선을 다해 발표했다. 카네기가 크게 손뼉을 치자, 아이들도 따라서 손뼉을 쳤다.
　천하가 인사를 하고 강단에서 내려오려고 하는데 카네기가 천하를 불러 세웠다.

"천하야, 내려오지 말고 거기 서 봐. 너의 꿈이 댄서라고 했지?"

천하는 말없이 고개만 끄덕였다.

"그렇다면 보여 줘야지. 꿈은 자꾸자꾸 남에게 말하고 남에게 보여 줘야 하는 거야. 꿈은 혼자 꾸는 것보다 여럿이 함께 꾸면 진짜로 이루어지거든."

천하는 머리를 긁적이며 뒤로 물러났다.

"괜찮아, 천하야. 너는 잘 해낼 수 있을 거야."

카네기의 말에 천하는 용기를 냈다. 드디어 천하가 춤을 추기 시작했다. 보기에는 뚱뚱해서 못 출 것 같았지만 너무나 뜻밖이었다.

천하의 춤 동작은 부드럽고 때로는 절도도 있고 리듬감도 뛰어났다.

"와~."

아이들은 놀란 나머지 두 눈을 크게 뜬 채 입을 다물지 못했다. 아이들의 환호성에 더욱 신이 난 천하는 더더욱 격렬하게 춤을 췄다. 마치 자기 자신이 가수 비가 된 것처럼.

천하는 땀을 뻘뻘 흘린 채 강단을 내려왔다. 그렇게 발표회는 끝이 났다.

잠시 뒤, 카네기가 대강당을 나가려는데 입구에 천하가 서 있었다.

"어? 천하야. 교실로 안 가고 왜 여기 있니?"

천하는 활짝 웃으며 카네기에게 말했다.

"고마워요, 사실 전 발표할 때마다 덜덜덜 떨어서 늘 덩칫값 못한다고 친구들한테 놀림을 받았는데 다행히 오늘은……. 헤헤, 더군다나 춤까지 췄어요. 모두 다 카네기 덕분이에요."

카네기는 양손을 내저으며 말했다.

"아니야, 넌 이미 가슴속에 뛰어난 재능이 있었어. 다만 나는 너에게 '피그말리온의 효과'를 전했을 뿐이지."

"피, 피, 피그말리온의 효과요?"

"그래, 쉽게 말하면 '칭찬의 힘'이지. 좀 쉽게 말해 줄까?"

카네기는 천하의 들뜬 얼굴을 바라보며 이야기를 시작했다.

어느 날, 엄마가 영호의 아이큐 검사 결과를 보고 한숨을 내쉬었어.

오후에 엄마는 영호를 불러 다정하게 말했어.

"영호야, 지난번에 아이큐 검사를 했지? 결과가 나왔다."

영호는 침을 꿀꺽 삼키며 엄마에게 물었어.

"얼마나 나왔어요? 잘 나왔어요?"

"그래, 아주 잘 나왔다. 천재처럼 아주 높게 나왔단다. 너는 분명 공부를 잘할 수 있을 거야."

"와, 신난다."

영호는 아이큐가 높다는 말에 무척 기뻤어. 그리고 공부도 잘할 수 있을 거라는 엄마의 말을 믿고 그 날부터 열심히 공부를 했어.

사실 영호는 그다지 공부를 잘하지 못했어. 반에서 하위권이었지.

그렇게 3개월이 지났어. 그런데 정말로 놀라운 일이 벌어지고 말았어.

"엄마, 엄마. 성적표 좀 보세요. 제가 반에서 3등을 했어요."

엄마는 도저히 믿을 수 없어 성적표를 뚫어지게 보았지. 그런데 정말로 3등을 한 거야.

"정말 대단하구나. 역시 넌 천재야, 천재!"
엄마는 무척 기뻐했어. 물론 영호도 기뻐했지.

천하는 고개를 갸우뚱거리며 카네기에게 물어봤다.
"그런데 어떻게 갑자기 영호의 성적이 오를 수가 있었죠?"
카네기가 빙그레 웃으며 말했다.
"그 비밀을 알려 줄 테니 잘 들으렴. 사실, 영호의 아이큐 검사 결과는 그다지 좋지 않았어. 그러나 엄마가 영호에게 일부러 아이큐가 아주 높다고 속인 거지. 그리고 엄마는 영호에게 공부를 열심히 해 보라고 격려를 했지. 그 격려 때문에 신기하게도 영호의 성적이 오른 거야."
천하는 고개를 끄덕였다. 그리고 잠시 뭔가를 생각하더니 말했다.
"아, 그럼 카네기가 제가 발표했을 때 격려를 한 것도 바로 피, 피, 피그…… 효과인가요?"
"그렇지, 바로 그것을 '피그말리온 효과'라고 하는 것이란다."

그런데 갑자기 천하의 얼굴이 어두워졌다.

"왜 그러니?"

천하는 나지막이 말했다.

"그런데 전 단점이 너무 많아요. 몸도 뚱뚱하고 또 공부도……."

카네기가 갑자기 호주머니에서 무엇인가를 꺼냈다. 그건 바로 돋보기였다.

"천하야, 이걸 받아라. 너에게 주는 선물이다."

"어? 이건 돋보긴데. 이걸 왜 저한테……."

"돋보기는 크게 볼 수 있는 물건이지. 앞으로는 이 돋보기로 너만의 장점만 쳐다보기 바란다. 네가 제일 잘할 수 있는 걸 하면 되는 거야. 에디슨도, 빌 게이츠도 자신의 단점보다는 자신의 장점을 크게 봤기 때문에 그렇게 성공할 수 있었던 거야."

천하는 돋보기를 만지작거리며 행복해했다.

카네기가 이어 한 가지 이야기를 더 해 주었다.

캐스달리라는 가수가 있었어. 그런데 그녀는 보기 싫게 뻐드렁니가 나 있었지. 그녀는 거울을 보며 많이 속상해했어.

"이 뻐드렁니만 아니었어도 나는 인기를 더 많이 얻을 수 있을 텐데."

어느 날, 그녀에게 한 통의 전화가 왔어.

"캐스달리 씨죠? 일주일 후에 당신을 공연에 초대하고 싶습니다. 오셔서 노래를 불러 주실 수 있는지요?"

"물론이죠."

일주일이 지난 후, 그녀는 노래를 부르기 위해 공연장으로 갔어. 공연에 앞서 그녀는 거울을 보며 말했어.

"내 뻐드렁니가 보이지 않게 입을 크게 벌리지 않고 노래를 해야지."

무대에 오른 그녀는 드디어 노래를 시작했어. 그런

데 뻐드렁니를 감추려다 보니 목소리가 좀처럼 잘 나오지 않았어.

관중들은 그녀에게 노래 실력이 형편없다고 야유를 퍼부었어.

캐스달리가 어깨가 축 처진 채 집으로 돌아오는데 한 신사가 다가왔어. 그리고 어깨를 토닥거려 주며 말했어.

"왜 자신의 단점에 신경을 쓰시나요. 그럴 시간이 있으면 당신의 장점을 더 살리세요. 뻐드렁니면 어때요? 노래만 잘하면 되잖아요."

신사의 격려에 캐스달리는 기분이 좋아졌어. 그리고 그날 이후로 그녀는 뻐드렁니에 신경 쓰지 않고 열심히 노래를 불렀지.

그 뒤로 캐스달리는 정말로 유명한 가수가 되었어.

"만약, 캐스달리가 단점의 늪에 빠져 자신을 싫어하고 자신감을 잃었다면 유명한 가수가 될 수 없었을 거야. 다행히 한 신사가 그녀의 장점을 높이 평가해 주었기 때

꿈·을·이·루·는·인·간·관·계·의·일·곱·가·지·비·밀

문에 그녀는 용기를 얻어 최고의 가수가 될 수 있었지."
천하는 눈을 깜박거리며 작은 목소리로 말했다.
"카네기, 저도 최고의 댄서가 될 수 있을까요?"
"물론이지. 넌 할 수 있을 거야. 충분히!"

말이 끝나자마자, 갑자기 카네기는 종이 한 장을 천하에게 내밀었다.

"카네기, 이게 뭐예요?"

천하는 눈을 멀뚱거리며 물었다.

"천하야, 여기 사인 좀 부탁한다. 너 나중에 크게 성공하면 만나기조차 힘들지 않겠니? 그러니 미리 네 사인을 받아 놔야겠구나!"

천하는 쑥스러운지 머리를 긁적였다.

"어서, 사인을 해 주렴."

천하는 태어나서 처음으로 종이에 멋지게 사인을 했다. 천하는 기분이 너무나 좋았다. 마치 자기 자신이 정말로 최고의 댄서가 되어 모든 사람의 부러움 속에 서 있는 느낌이었다.

천하는 활짝 웃으며 말했다.

"카네기, 이제 가 볼게요. 아이들에게도 사인 좀 해 줘야겠어요."

"하하하."

카네기와 천하는 동시에 유쾌하게 웃었다.

"그래, 그러려무나."

천하는 춤을 추며 저 멀리 사라졌다.

카네기는 천하의 춤추는 뒷모습을 바라보며 오래도록 흐뭇한 웃음을 머금었다.

그렇게 또 카네기는 아이들에게 '칭찬의 비밀'을 알려 주었다.

시크릿 노트

칭찬이 키운 최고의 야구 선수

미국 볼티모어 시의 빈민가에서 한 소년이 살고 있었다. **그 소년의 이름은 베이브 루스였다.**

그런데 그 소년은 너무나 난폭했다. 자기 맘에 들지 않으면 뭐든지 때려 부수고 욕설을 내뱉었다. 엄마는 소년을 보면서 한숨을 내쉬었다.

"도대체 쟤가 커서 뭐가 되려고……."

도저히 엄마의 힘으로는 감당이 되지 않아 결국, 소년은 불량 청소년 교육기관에 들어가게 되었다.

학교에서도 베이브 루스는 말썽만 피웠다. 친구들과 싸우고 고래고래 고함을 질렀다.

"이 녀석, 베이브 루스! 네가 또 화분을 깨뜨렸구나!"

"베이브 루스! 너 정말로 왜 그러니? 친구랑 또 싸우다니. 화장실 청소해!"

"베이브 루스, 너 같은 말썽꾸러기는 난생처음 본다. 쯧쯧."

선생님들은 베이브 루스만 보면 고개를 절레절레 흔들었다.

그런데 어느 날, 베이브 루스 앞으로 한 선생님이 다가왔다.

"너는 참 문제가 많은 아이구나."
"몰랐어요? 저는 문제아예요."
"그런데 잘하는 것도 하나 있더구나."
"제가 잘하는 게 있어요? ……그게 뭐죠?"

"야구지. 네가 없으면 우리 학교 야구팀은 있으나마나야. 너처럼 야구를 잘하는 애는 처음 본다. 네가 필요하다."

"정말요? 제가 필요해요?"
"물론이지, 네가 있어야 승리할 수 있어. 제발 좀 도와주렴."

선생님의 말씀을 들은 베이브 루스는 어깨를 우쭐거리며 말했다.

"그럼 야구를 한번 해 볼까."

베이브 루스는 어디를 가든 환영 받지 못하고 늘 문제아라고 손가락질을 받았지만 메시어스 선생님은 달랐다. 선생님은 베이브 루스의 재능을 알아주고 그에게 꾸중 대신 칭찬과 격려를 아끼지 않았다.

그 뒤로 베이브 루스는 야구 연습에 몰두했다. 비가 오나 눈이 오나 단 하루도 쉬지 않고 야구 방망이를 휘둘렀다.

세월이 흘러 베이브 루스는 프로 야구단에 입단했고 마침내 최고의 홈런 타자로 이름을 널리 알리게 되었다.

시크릿 박스

🦋 칭찬 받는 데 욕심을 내는 자들은 장점이 많지 않은 사람들이다.

— 플루타크 (그리스 철학자)

나는 잘했는데 왜 칭찬해 주지 않느냐고 굳이 따질 필요가 없어요. 자기 스스로 열심히 했다면 분명 누군가가 알아줄 것이고 언젠가는 칭찬을 받을 거니까요. 그러니 너무 서운하게 생각하지 마세요. 그리고 누군가에게 인정받기 위해 하기 싫은 일을 억지로 하지 마세요. 억지로 하는 일은 결국 표시가 나거든요.

🦋 칭찬, 부드러움, 인내, 능력 등을 바라지 않는 사람은 이 세상에 한 사람도 없다.

— 헨리 워드 비쳐 (미국 목사)

누구나 칭찬을 받으면 기분이 좋아지고 행복해지고 생기가 넘쳐 나지요. 칭찬을 받았을 때의 행복한 기분을 알고 있다면 이제 남들도 그 행복한 기분을 느낄 수 있게 해 주세요. 상대방을 칭찬해 주세요. 칭찬은 하는 사람도 기분 좋고 받는 사람은 더더욱 기분 좋은 고마운 선물이랍니다.

꾸지람 뒤의 칭찬은 소나기 뒤에 나오는 태양 같은 것이다.

— 괴테 (독일 문학가)

친한 친구가 잘못을 했을 때는 지적을 해 주는 게 좋아요. 그러나 자칫, 그 지적이 친구에게 마음의 상처를 줄 수 있지요. 그러기 때문에 잘못을 지적할 때는 예의를 갖춰야 해요. 또한 지적을 한 다음에 친구의 마음도 잘 풀어 줘야 해요. 그때 필요한 것이 바로 칭찬이지요. 단점만 지적하지 말고 장점도 함께 이야기를 해 준다면 상대방은 기꺼이 그 충고를 기분 좋게 받아들일 거예요.

사람을 변화 시키려면 비록 작고 사소한 일일지라도 칭찬의 말을 아끼지 말아야 한다.

— 데일 카네기 (미국 경영컨설턴트)

사람을 움직이게 만드는 데 효과적인 방법은 바로 칭찬이에요. 명령이나 지시는 때론 반항이나 반감을 불러일으킬 수도 있지요. 그러나 칭찬은 사람에게 의욕을 주고 동기 부여를 해 변화를 주지요. 엄마의 관심과 칭찬이 없었다면 에디슨도 발명왕이 되지 못했을 거예요. 칭찬 한마디, 격려 한마디가 한 사람의 인생을 바꾸고 세상을 바꾼답니다.

1%의 시크릿
내 얘기 좀 들어 볼래?

내 이름은 찰스 디킨스.
나는 초등학교 4학년 때,
학교를 그만 다녀야 했다.
그 이유는 아버지의
사업이 망했기 때문이다.

하루 종일 굶은 적도 있었다.
방이 없어 쥐가 득실거리는
창고에서 잠을 자기도 했다.

세월이 흘러 나는
청년이 되었다.
나는 열심히 일하면서
틈틈이 글을 썼다.

그러던 어느 날,
나는 책 한 권을 읽었고
깊은 감동을 받았다.
그리고 꿈도 하나 생겼다.
"그래, 작가가 되는 거야!"

함께 일하는 동료나 친구들은
내 글을 보고 다들 비웃었다.
나는 괴로웠고 그날 이후
글쓰기를 그만두었다.

그러던 어느 날,
정말로 내 글이 형편없는지 객관적인 평가를 받고 싶었다.
그래서 원고를 한 잡지사에 보냈다.
그 잡지사 편집장으로부터 전화 한 통이 왔다.
"자네, 가능성이 보이네.
지금부터 더 열심히 글을 써 보게.
그럼, 분명 좋은 날이 올 거야."

편집장의 격려 한마디에
나는 용기를 내어 다시 펜을 들었다.
하루 종일 책을 읽고 글을 쓰며
그렇게 몇 년을 보냈다.

서서히 내 글은 많은 사람들로부터 인정과 사랑을 받았다.

마침내 나는
『크리스마스 캐럴』이라는
책을 쓴
위대한 작가가 되었다.

셋째 날
경청의 비밀

상대방보다 더 많이 말했다고,
상대방보다 목소리가 더 크다고
말을 잘하는 건 아니야.
말을 잘하려면 입보다는 귀가 더 중요해.
잘 듣는 사람이 말도 잘하는 법이지.
귀는 늘 더더욱 키우고 입은 작게 만들도록 해.

아주 귀여운

입술 인형

아주 귀여운 입술 인형

"카네기, 등 뒤에 감추고 있는 게 뭐예요?"

눈치 빠른 다희가 고개를 기웃거리며 카네기에게 물었다.

카네기는 예쁜 포장지로 싸인 상자를 보여 주었다.

상자 안에 뭐가 있을까, 궁금했는지 다희가 또다시 카네기에게 물었다.

"카네기, 상자 안에 뭐가 있는지 보여 주세요. 혹시 우리에게 줄 선물이에요?"

카네기는 고개를 끄덕이며 말했다.
"그래, 이 상자 안에는 너희들에게 줄 선물이 있지."
짜잔~.
카네기는 상자 안에서 귀엽게 생긴 입술 인형을 꺼내 보였다. 이어 입마개도 꺼냈다.
"와, 귀엽고 참 특이하게 생겼다. 왜 그 인형은 입술만 있어요?"
"저 인형 갖고 싶다."
"그런데 카네기, 입술 인형이 왜 하나밖에 없어요? 입마개는 뭐지요?"

카네기는 입술 인형을 높이 치켜들며 말했다.

"이 입술 인형은 마법을 부린단다. 이 입술 인형을 가진 사람만이 말을 할 수 있어. 이 인형을 갖지 못한 사람들은 입마개를 하고 있어야 해. 입마개를 한 사람들은 말을 할 수 없지."

태풍이가 손을 번쩍 들더니 말했다.

"그럼 어떻게 해야 그 인형을 받을 수 있죠? 가위바위보로 1등을 정하나요?"

"그건 비밀이야. 나중에 알게 될 거야. 자, 그럼 지금부터 자기 자신이 최고로 자랑스러웠을 때가 언제였는지 차례로 한 사람씩 말해 보도록 하자. 우선 나부터 자랑거리를 말할 테니 잘 들으렴."

카네기가 잘 들으라고 말했지만 아이들은 웅성거리기 시작했다.

"최고로 자랑스러운 일을 한 사람에게 저 입술 인형을 줄 건가 봐."

"뭘 자랑하지?"

"나는 미술대회에서 상 받은 거 말해야지."

"내가 꼭 저 인형을 받을 거야."

아이들은 저마다 멋진 자랑거리를 생각하느라 정신이 없었다. 카네기의 말을 잘 듣지도 않은 채.

그러나 카네기는 아랑곳하지 않고 계속 말했다.

> 내가 초등학교 4학년 때, 할머니 댁에 놀러 갔는데 그곳에서 동네 친구들이랑 토끼도 잡으러 다녔어.
> …… 그해, 겨울 나는 책 읽는 재미에 푹 빠졌는데 그중에서도 『톰 소여의 모험』이라는 책이 가장 흥미롭고 재미있었어.

아이들은 카네기의 말에 집중하지 않았다. 심지어 후정이는 자랑할 걸 생각해 냈는지 기뻐하며 콧노래를 흥얼거리기까지 했다. 다른 아이들도 딴청을 피우긴 마찬가지였다.

카네기는 계속해서 말했다.

> 내 자신이 한 일 중 자랑스러웠던 것은 바로 '톰

소여'를 만났다는 거야.

그 책을 통해 지금의 내가 있을 수 있었거든.

짝짝짝.

카네기의 말이 끝나자, 아이들은 건성으로 손뼉을 쳤다.

"이제부터 너희들이 자랑할 차례다. 태풍이부터 해 볼까?"

태풍이가 어깨를 우쭐거리며 말하기 시작했다.

"나는 축구 시합 때 골을 다섯 골이나 혼자 넣었습니다. 그래서 우리 학교가 우승을 했습니다."

다른 아이들은 태풍이의 말에 귀를 기울이지 않았다. 다들 태풍이보다 더 자랑스러운 일을 말하기 위해서 생각을 짜냈다.

이어 후정, 천하, 대로, 다희, 전우가 모두 다 자기 자랑거리를 목청껏 말했다.

발표를 다 마친 아이들은 잔뜩 기대에 찬 얼굴을 했다.

"과연, 누가 최고의 자랑왕에 뽑힐까?"

"보나마나 내가 최고일 거야. 난 상장을 무려 10개나 넘게 받았어."

대로도 뒤질세라 어깨를 우쭐대며 말했다.

"무슨 소리야. 입술 인형은 내 거야! 나는 무거운 짐을 든 할머니를 도왔단 말이야."

"에헴!"

카네기가 크게 헛기침을 하여 아이들을 집중시켰다. 그러더니 진지한 표정으로 말했다.

"이 선물을 받을 사람은 최고의 자랑거리를 말한 사람이 아니라, 내가 내는 퀴즈를 맞히는 사람에게 입술 인형을 줄 거다. 내가 열한 살 때, 읽었던 책이 뭔지 아는 사람?"

아이들은 모두 다 어리둥절한 표정을 지었다.

"어린왕자인가?"

"난 잘 못 들었는데."

"토, 토, 토 뭐라고 했는데……. 토, 토미의 일기?"

"책을 읽었었나?"

아이들은 전혀 엉뚱한 이야기만 늘어놓을 뿐 정답을 말하지 못했다.

카네기는 다소 실망스러웠다. 그런데 그때, 다희가 밝게 웃으며 말했다.

"전 알아요. 바로 『톰 소여의 모험』입니다."

"어? 그래그래, 맞혔다."

카네기의 얼굴이 조금 밝아졌다.

"입술 인형을 받을 사람은 다희구나. 이 입술 인형을 가진 다희만 말할 수 있고 너희들은 입마개를 해야겠다."

카네기는 다희에게 입술 인형을 주었고 다른 아이들은 심드렁한 표정을 지으며 입마개를 했다.

"와, 예쁘고 귀엽다."

입술 인형을 받아든 다희는 좋아서 어쩔 줄 몰랐다.

"지금부터 시작이다. 다희만 말할 수 있고 이제부터 너희들은 말을 잃었다. 들을 수만 있지. 알았지?"

아이들은 입마개를 한 채 고개를 끄덕였다.

카네기는 입을 열었다.

"입술 인형과 입마개가 뭘 의미하는지 알겠지? 너희들에게 경청의 중요성을 알려 주기 위해서란다. 이야기 하나를 해 줄 테니 잘 들어 보렴."

어느 나라의 임금이 가장 현명한 사람을 자신의 신하로 두고 싶었어.

그래서 백성들에게 문제 하나를 냈지.

"사람의 형체를 하고 있는 황금 인형이 여기 세 개가 있다. 이 세 개 중에 가장 가치가 있는 게 어떤 것인지 알아맞히도록 하라. 맞히는 사람에게 큰 상을 내리고 내 신하로 삼겠다."

사람들은 황금 인형을 이리저리 살펴보았지만 모양도 무게도 세 개가 다 똑같아 셋 중에 어떤 것이 가장 가치가 있는지 알 수 없었어.

그러던 중 한 청년이 황금 인형들의 작은 차이점을 발견했어. 모두 다 귓속에 작은 구멍이 있었어. 또 각 황금 인형마다 입과 귀 그리고 가슴에도 작은 구멍이 있었지.

청년은 가느다란 철사를 세 개의 황금 인형의 귓속

에 넣었어. 그러자 하나는 철사가 입으로 빠져나왔고 또 다른 하나는 반대편 귀로 빠져나왔고 나머지 하나는 가슴으로 빠져나왔어.

청년은 임금에게 말했어.

"이 셋 중 가슴에 구멍이 난 이 황금 인형이 가장 가치 있는 것입니다."

임금은 왜 그런지 청년에게 물었지.

청년은 자신 있게 대답했어.

"첫 번째 황금 인형은 귓속으로 철사를 넣었는데 다른 쪽 귀로 나왔고 두 번째는 입으로 나왔습니다. 그러나 나머지는 가슴으로 나왔습니다. 이는 누군가가 말을 할 때, 흘려듣지 말고 또한 자신의 말만 하려고 하지 말고 가슴으로 깊이 새겨들으라는 뜻이 아닌지요?"

임금은 청년의 말에 고개를 끄덕였어. 임금은 청년에게 큰 상을 주고 또한 자신의 신하로 삼았지.

"다희야, 신이 우리에게 입을 하나만 주고 귀를 두 개를 준 이유가 있어. 그건 바로 적게 말하고 많이 들으라는 뜻이지. 즉, 경청을 잘 하라는 뜻이야. 자기 자신은 끊임없이 이야기하면서 남의 말에는 귀 기울이지 않고 딴청을 피우거나 남의 말을 잘라 버리면 그건 큰 실례이고 남들과도 멀어질 수가 있어. 그러니 인내심과 관심을 갖고 상대의 말을 잘 들어야 해. 경청은 상대의 진심을 얻을 수 있고 서로 친해질 수 있는 아주 좋은 기회거든. 알겠니?"

"예, 카네기."

다희는 유난히 큰 목소리로 대답했다. 그러나 아이들은 고개만 끄덕였다. 카네기는 입마개를 하고 있는 아이들의 모습을 보니 안쓰럽기도 하고 우습기도 했다.

"녀석들, 말을 못 하니까 많이 답답하지?"

아이들은 눈살을 찌푸리며 고개를 끄덕였다.

다희도 옆에서 한마디 거들었다.

"그러니까 나처럼 잘 들었어야지. 메롱~."

카네기는 또 다른 이야기를 아이들에게 들려주었다.

한 남자가 '대화의 달인'이라고 불리는 노인을 찾아갔어.

"저는 남들과 대화를 잘하고 싶습니다. 대화를 잘 할 수 있는 비법을 알고 싶습니다. 저에게 비법을 좀 알려 주실 수 있으신지요?"

노인은 청년에게 말했어.

"정말로 알고 싶나? 그것은 아주 어려워."

"어려워도 상관없습니다. 전 꼭 배우고 싶습니다. 어서 좀 들려주십시오."

"그래, 가르쳐 주지. 그 전에 자네에게 내가 옛날 이야기를 해 줄 테니 한번 들어 보겠나?"

"예."

청년은 귀를 쫑긋 세워 노인의 이야기를 들었다.

노인은 옛날 이야기를 무려 30분이나 넘게 했다. 이야기는 그다지 재미 없었지만 그래도 청년은 집중해서 들었다.

"이제 옛날 이야기도 끝났으니 가르쳐 주십시오."

그러자 노인은 아무 말도 하지 않았어. 청년은 다시 한 번 졸랐지.

드디어 노인이 입을 열었어.

"이미 자네는 다 배웠네. 자네는 재미도 없는 옛날 이야기를 다 들었지 않았나? 이처럼 대화를 잘하는 비법은 다른 사람의 말에 귀를 쫑긋 세우고 관심을 기울이는 거야. 자네도 이제는 '대화의 달인'일세."

"대화를 잘하는 사람은 말을 잘하는 사람이 아니라 남의 말을 잘 듣는 사람이라는 걸 명심하기 바란다. 그리고 또 대화를 할 때 1, 2, 3법칙을 잘 지켜야 해. 1, 2, 3법칙이란 한 번 묻고, 두 번 듣고, 세 번 맞장구치는 거란다. 상대방에게 적절한 질문도 하고 잘 들어주고 또 상대방의 말에 수긍하며 '그렇구나.' '좋아.' '나도 그래.' 등의 추임새를 넣어 주면 너희들 모두 대화의 달인이 될 수 있을 거야. 이제 됐다. 입마개를 벗도록 해라. 오늘은 특별히 봐주는 거야."

아이들은 입마개를 벗더니 한마디씩 재잘거렸다.
"와, 좋다."
"답답해서 혼났네."
"카네기, 앞으로는 잘 들을게요."
"그래, 앞으로 남의 말을 잘 듣기로 약속하고. 이야기 하나 더 해 줄게."

엄마가 급한 약속이 있어서 황급히 외출을 해야 했어. 그래서 엄마는 딸에게 말했지.
"얘야, 가스레인지에 물을 올려놓았으니까 물이 끓으면 불 좀 끄렴."
그런데 딸은 게임을 하느라 정신이 없었어.
엄마는 다시 한 번 딸에게 말했지.
"불을 꼭 꺼야 한다. 알았지?"
"예."
딸은 엄마가 무슨 말을 했는지도 모르면서 건성으로 대답을 했어.

엄마가 외출을 한 뒤, 딸도 친구를 만나러 밖으로 나갔어.

저녁이 되어, 엄마와 딸은 각각 집으로 향했어.

그런데 엄청난 일이 벌어지고 말았어. 집에 불이 난 거야.

집 앞에서 딸을 만난 엄마는 딸에게 도대체 어떻게 된 일이냐고 물었지.

그런데 딸은 모르는 일이라고 했어.

"너 가스레인지 불 껐니?"

"아니요, 가스레인지 불이라니요?"

"분명 내가 말했잖아. 그리고 네가 '예'라고 대답했잖아."

"……."

딸이 엄마의 말을 건성으로 들어서 결국은 이런 불행한 일이 생기고 만 거지.

"남이 말할 때는 최대한 집중을 해서 제대로 들어야 해. 건성으로 들으며 자칫 큰 낭패를 볼 수도 있어."

아이들은 고개를 끄덕였다.

그런데 갑자기 나미가 카네기에게 딱 달라붙어 애교를 부르며 말했다.

"카네기, 그 입술 인형 다희만 줄 거예요? 저도 갖고 싶은데."

이어 후정이도 말했다.

"저도 주세요. 입술 인형 정말로 갖고 싶어요."

다른 아이들도 카네기를 조르기 시작했다. 카네기는 웃으며 말했다.

"그만그만. 그래, 알았다. 너희들에게도 줄게. 그 대신 남의 말을 잘 들어야 한다. 알았지?"

"예."

카네기는 상자에서 입술 인형을 꺼내 아이들에게 나눠 주었다. 입술 인형을 받은 아이들은 행복한 표정을 지었다. 아이들은 자기 것이 더 좋다며 자랑을 했다.

카네기는 아이들이 장난치면서 노는 모습을 보며 흐뭇한 표정을 지었다.

그렇게 카네기는 아이들에게 '경청의 비밀'을 알려 주었다.

시크릿 노트

가장 대화를 잘하는 사람

어느 날, 카네기는 만찬회에서 아주 유명한 식물학자를 만났다.

함께 식사를 하면서 식물학자는 카네기에게 식물에 관한 이야기를 꺼냈다.

"카네기 씨, 식물 좋아하시나요?"

"죄송합니다만 전 그다지 좋아하지 않습니다. 그러나 이제부터라도 식물에 대해 배워 보고 싶군요."

"그러시군요. 그럼 제가 식물에 대해 많은 이야기를 해 드리겠습니다."

식물학자는 듣지도 보지도 못한 희귀 식물에 대해 이야기를 했다.

식물학자는 계속해서 말했다.

"지금 우리가 살고 있는 지구는 식물이 살기에는 너무나 환경이 좋지 않습니다. 식물이 잘 살 수 있도록 인간이 환경 보호에 애를 써야 합니다. 지구가 살아야 식물이 살고 또 인간이 살 수 있습니다. 카네기 씨, 안 그렇습니까?"

"예, 맞는 말씀입니다."

카네기는 식물에 대해 아는 지식이 별로 없었기 때문에 중간 중간에 '예.'라고 대답하는 게 고작이었다.

어느덧, 많은 시간이 흘러 만찬회가 끝날 때가 되었다. 식물학자는 카네기에게 작별 인사를 하고 그 자리를 떴다.

식물학자는 만찬회장을 나가는 길에 만찬회를 준비한 회장을 만나 진지하게 이야기했다.

잠시 뒤, 회장은 카네기에게 다가오더니 말했다.
"카네기, 자네는 어딜 가나 칭찬을 듣는군."
"그게 무슨 말씀입니까?"
"식물학자께서 자네 칭찬을 아주 많이 하더군. 자네는 참으로 매력적이고 정말로 대화를 잘하는 사람이라고 말이야."
카네기는 어리둥절한 표정을 지었다.
"전 그저 식물학자께서 말씀하실 때 적극적으로 들어주기만 했습니다. 전 몇 마디도 안 했는걸요."
그러자 회장이 고개를 끄덕이며 말했다.
"그게 바로 대화를 잘하는 거라네. 말을 많이 하는 것보다 상대방의 말을 잘 들어주는 것, 그게 바로 대화를 잘하는 거지. 안 그런가?"
카네기는 그제야 빙그레 웃음을 보였다.

시크릿 박스

🦋 듣고 있으면 내가 이익을 얻고 말을 하면 남이 이익을 얻는다.

- 아라비아 속담

 듣는 걸 잘해야 해요. 잘 듣기 위해선 귀를 열고 마음을 열고 세상의 소리를 스펀지처럼 빨아들이면 되지요. 그러나 말을 한다는 건 그리 쉬운 일이 아니에요. 말을 하다가 행여 실수를 할 수 있고 때론 상대방에게 상처를 줄 수도 있지요. 그리고 자기도 모르게 비밀을 폭로할 수도 있어요. 듣는 것은 하나도 버릴 게 없지만 말을 많이 하는 건 자칫 자기 자신을 잃을 수도 있지요. 그러니 말하는 걸 조심해야 해요.

🦋 경청을 해야 제대로 배울 수 있다.

- 래리 킹(미국 방송 진행자)

 배움의 첫걸음은 잘 듣는 거예요. 새로운 지식도 결국 선생님으로부터 배우는 것이고 책으로부터 얻는 것이지요. 선생님의 말씀을 잘 듣는 건 귀로 배우는 지식이며 책으로 얻는 것은 눈으로 듣는 지식이에요. 집중해서 적극적으로 듣기만 잘해도 남보다 뛰어난 실력을 쌓을 수 있답니다.

🦋 말하고 명령하는 것이 지난 세기의 경영 방법이면, 귀 기울여 경청하는 것은 21세기의 경영 방법이라 할 수 있다.

— 톰 피터스 (미국 경영학자)

한 학급의 회장이나 한 회사의 사장이라도 맘대로 구성원들에게 명령을 해서는 안 돼요. 보는 앞에서는 그 명령에 따르는 듯해도 뒤에서는 욕을 할지도 몰라요. 명령이나 지시보다는 우선 솔선수범을 보이거나 경청을 통해 마음을 얻는 게 우선이에요. 마음이 통하면 명령도 지시도 잘 통하게 된답니다.

🦋 말하는 권리는 자유의 시작일지 모르지만, 그 권리를 소중하게 만들려면 반드시 남의 말에 귀를 기울여야 한다.

— 월터 리프먼 (미국 언론인)

'왜 다른 사람은 내 말에 귀를 기울여 주지 않는 걸까?' 그런 불평불만을 늘어놓기 전에 먼저 자기 자신을 되돌아보세요. 다른 사람이 말할 때 나는 얼마나 집중해서 들어주는지, 다른 사람이 말할 때 얼마나 호응을 해주는지. 내가 상대방의 말을 잘 들어준다면 분명 상대방도 내 말을 잘 들어줄 거예요. 말을 많이 하고 싶다면 그 방법은 간단해요. 일단 상대방의 말을 충분히 들어주는 거예요. 그 다음에 말을 해도 늦지 않아요.

1%의 시크릿
내 얘기 좀 들어 볼래?

나의 이름은
에드워드 보크.
직업은 신문기자다.

어느 날, 나는
미국 제19대 대통령인
리더포드 헤이스가 연설하는
저녁 만찬회에 취재를 하러 갔다.
모든 기자들은 포도주 잔을 기울이며 간간이 수첩에
대통령의 연설을 기록했다.
그러나 나는 연설을 기록하기보다는
연설을 듣는 데 집중했다.

대통령이 연설을 끝내고
만찬회장을 나가려 하자, 나는 대통령에게 다가가
'연설 내용을 다 받아 적지 못했습니다' 라고 정중히 말했다.

대통령은
내가 유난히 자신의 연설을
잘 듣는 걸 봤다며
나를 호텔 방으로 초대했다.

다음 날, 나는 대통령의 연설
전문을 특종 기사로 실었다.
그 일을 계기로 나는
일류 기자로 발돋움할 수 있었다.

나중에는
《브루클린 매거진》이라는
잡지사를 창업하게 되었다.

경청을 잘한 덕분에 나는 훗날,
언론계의 큰 별이 될 수 있었다.

넷째 날
관심의 비밀

선생님이 너의 이름을 기억해 주고

너의 얼굴을 기억해 주면 어때?

기분이 좋아질 거야.

사람은 누구나 다 무대 위의 스타처럼

관심과 사랑을 받고 싶어 하지.

누군가와 친해지고 싶다면 그를 스타로 만들어 줘.

너의 관심과 사랑으로 말이야.

두근두근
마음 얻기 작전

두근두근 마음 얻기 작전

　　　　전우가 교실에 들어오자마자 호들갑을 떨며 아이들에게 큰소리로 말했다.
　"야, 후정이랑 나미랑 서로 그렇고 그런 사이래."
　순식간에 아이들은 전우 옆으로 몰려들었다.
　대로가 두 눈을 크게 뜨며 전우에게 물었다.
　"그게 무슨 소리야? 자세히 좀 말해 봐!"
　다희도 나섰다.
　"후정이랑 나미랑 사귀니?"
　다른 아이들도 전우에게 질문을 쏟아 냈다.

"둘이 첫눈에 반했나?"
"전우, 너 그 말을 어디서 들었니?"
전우는 양손을 내저으며 말했다.
"야, 정신이 없다. 한 명씩 질문해."
대로가 침을 꿀꺽 삼키더니 말했다.
"정말로 후정이랑 나미랑 서로 사귀니?"
전우는 고개를 끄덕이더니 잠시 아무 말도 하지 않은 채 뜸을 들였다. 성격 급한 태풍이가 전우를 다그치며 말했다.
"전우야! 빨리빨리 좀 말해 봐. 답답해 돌아가시겠다!"
전우는 입가에 미소를 보이며 입을 열었다.
"알았어, 알았어. 지금부터 말할 테니까 잘 들어. 금방 내가 화장실에 다녀왔는데 글쎄, 화장실 벽에 '후정이랑 나미는 결혼을 약속한 사이다.'라고 적혀 있지 뭐야."
두 눈이 왕방울만 해진 다희가 믿을 수 없다는 듯 더듬거리며 말했다.
"뭐, 뭐, 뭐, 결혼? 그게 정말이니?"

전우는 마치 탐정이라도 된 듯 팔짱을 낀 채 진지한 목소리로 말했다.

"너희들도 지금 주위를 살펴 봐. 이곳에 후정이랑 나미가 안 보이지?"

"그러고 보니까, 그러네."

"분명히 둘은 지금 우리들 몰래 데이트를 즐기고 있을 거야."

꿈•을•이•루•는•인•간•관•계•의•일•곱•가•지•비•밀

"와, 정말 그런가 봐."

전우의 말에 아이들은 모두 다 수긍했다.

그때였다. 나미가 교실 안으로 들어왔다.

전우는 재빠르게 나미를 힐끔 쳐다보더니 아이들에게 작은 목소리로 속삭였다.

"내가 보기에 같이 안 들어오고 일부러 나미부터 들어온 것 같아. 서로 사귀는 걸 의심 받지 않기 위해서지."

아이들은 나미의 눈치를 살피며 고개를 끄덕거렸다.

나미는 아이들이 있는 쪽으로 다가오며 말했다.

"너희들 뭐 하니? 뭐 재미있는 일이라도 있니?"

아이들은 난처한 표정을 짓더니 고개를 내저으며 말했다.

"아니야, 아니야. 아무것도 아니야."

곧이어 후정이가 교실로 들어왔다. 후정이는 교실에 들어오자마자 잔뜩 인상을 쓰며 아이들에게 말했다.

"도대체 누구야? 화장실에 낙서한 사람이 도대체 누구야? 나랑 나미랑 결혼을 약속했다고 낙서한 놈이 누구난 말이야!"

후정이의 말을 듣고 나미는 깜짝 놀랐다.

"뭐, 뭐, 뭐? 후정이 너 지금 뭐라고 했니? 다, 다, 다시 말해 봐."

나미는 너무 놀라서 말을 더듬었다.

"너랑 나랑 결혼할 사이란다. 화장실 벽에 그렇게 적혀 있어. 도대체 누가 장난친 거야!"

후정이는 아이들을 째려보았다. 그러자 아이들은 양손을 내저으며 고개를 흔들었다.

나미는 금방이라도 눈물이 날 것만 같았다. 전봇대처럼 키만 크고 볼품없는 후정이랑 그런 소문이 난 게 너무나 속상했던 것이다. 물론 후정이도 기분이 좋지 않았다. 분명 누군가가 자기를 골탕 먹이기 위해 장난을 친 게 분명했다.

천하가 전우를 째려보며 말했다.

"혹시, 전우 네가 낙서한 거 아냐? 네가 가장 먼저 그 사실을 우리한테 알려 줬잖아."

그러자 전우는 입을 삐쭉 내밀며 말했다.

"무슨 소리야! 내가 적은 게 아냐. 분명 화장실에 적혀 있었어."

나미는 매서운 눈초리로 아이들을 흘겨보며 말했다.

"누가 그 낙서를 했는지 모르겠지만 두 번 다시는 그런 낙서 하면 알아서 해! 정말로 가만두지 않을 거야!"

이어 후정이도 나미의 말을 거들었다.

"정말이지, 또 다음에 그런 낙서를 하면 나도 용서 못 해!"

나미가 속상한지 교실 문을 세게 밀치며 밖으로 나갔다. 후정이는 나미가 걱정이 되었는지 뒤따라 나갔다.

"나미야~. 나미야~."

그 날 늦은 오후, 후정이가 카네기의 방으로 찾아왔다. 카네기는 후정이를 반갑게 맞이했다.

"어서 오너라, 후정아. 그런데 여기는 웬일이니? 무슨 일이라도 있니?"

"……"

후정이는 할 말이 있는 듯했지만 선뜻 입을 떼지 않았다.

카네기는 피식 웃으며 다정하게 말했다.
"후정이 너 아까 '낙서사건' 때문에 속상해서 그런 거구나? 친구들이 장난한 거니까 네가 너그럽게 용서를 해 주렴. 알겠니?"

그런데 후정이는 여전히 말이 없었다. 후정이의 얼굴은 왠지 모르게 불안해 보였다. 카네기는 서랍에서 초콜릿을 꺼내 후정이에게 내밀었다.

"후정아, 초콜릿 먹으렴."

후정이는 카네기가 내미는 초콜릿을 받아 조심스럽게 껍질을 벗기고 한쪽을 입에 넣었다. 입 안에서 달콤한 초콜릿이 사르르 녹았다. 후정이의 표정이 좀 나아졌다. 마음속 불안감도 사라진 듯했다.

"괜찮아, 후정아. 나에게 마음속 이야기를 해 보렴. 혹시 아니? 내가 도움이 될지."

후정이는 결심이라도 한 듯 가볍게 주먹을 쥐더니 곧 입을 열었다.

"화장실 낙서 있잖아요. 저랑 나미랑 결혼을 약속했다는 거요. 사, 사, 사실은 그거 제가 쓴 거예요."

후정이의 고백에 카네기는 다소 놀랐다. 그러나 애써 태연한 표정을 지으며 말했다.

"그랬구나. 그런데 왜 그랬는지 물어봐도 되겠니?"

"……."

후정이는 쉽게 입을 열지 못했다. 카네기는 후정이가 입을 열 때까지 조용히 기다렸다.

한동안 침묵이 흘렀다. 그리고 잠시 뒤, 후정이가 조심스럽게 말을 꺼냈다.

"사실은 제가 나미를 좋아해요. 그래서 일부러 그런 낙서를 한 거예요. 낙서로 인해 정말로 나미랑 더 친해질 수 있잖아요. ……그, 그냥 전 나미가 좋아요."

카네기는 얼굴 가득 환한 웃음을 지었다.

"그래, 누군가를 좋아하는 마음에는 이유가 없어. 그냥 좋은 거야. 누군가를 좋아한다는 것은 참으로 아름다운 일이지."

"정말로 아름다운 일일까요? 그런데 전 왜 이렇게 속상하지요? 나미는 나에 대해서 별 관심도 없는 것 같아요……."

카네기는 후정이의 등을 토닥거려 주었다.

후정이는 나지막한 목소리로 말했다.

"무슨 방법이 없을까요?"

"방법이 있긴 한데 네가 쓸 수 있을지 모르겠다."

"그게 뭔데요?"

후정이는 입술에 침을 바르며 다급한 목소리로 물었다.

"나미와 너와의 공통점을 찾아보는 거야. 서로가 공통점을 발견하는 것은 아주 친밀해질 수 있는 좋은 기회거든."

"정말 그래요?"

"그래, 내가 이야기 하나 해 줄 테니 잘 들어 보렴."

한밤중, 어느 집에 도둑이 들었어.

도둑은 몰래몰래 거실에 있는 귀중품들을 훔쳤지. 그런데 갑자기 안방에서 할머니가 나오는 거야. 도둑은 도망가려다 그만 넘어지고 말았어. 도둑도 할머니도 크게 당황했지. 도둑은 재빨리 일어나 할머니에게 말했어.

"손들어! 내 말대로 하지 않으면 가만두지 않겠어!"

할머니는 떨리는 목소리로 말했어.

"미안하지만 나는 손을 들 수 없다오. 신경통 때문이지."

그러자 도둑는 고개를 끄덕이며 말했어.

"나도 신경통을 앓아 봐서 아는데 참 고통스러운 병이죠. 고생이 많지요?"

"그렇다오."

도둑은 갑자기 훔친 물건들을 바닥에 내려놓고 할머니와 신경통에 대해 이야기를 나눴어.

"할머니, 제가 먹는 약을 한번 드셔 보세요. 전 그 약을 먹고 신경통이 나았습니다."

"정말이오? 그 약을 어디서 구했소? 나에게 좀 주시오."

"제가 내일 갖다 드리지요."

도둑과 할머니는 어느새 친구처럼 친해졌어. 할머니는 도둑이 두렵고 무섭지 않았어. 도둑 또한 자신이 도둑이라는 사실을 까마득히 잊고 있었어. 그날 이후로 도둑과 할머니는 아주 친한 말벗이 되었단다.

"도둑과 할머니가 서로 친해질 수 있었던 건 서로 함께 나눌 수 있는 공통된 주제가 있었기 때문이야. 그 공통된 주제에 대해 이야기를 나누면서 서로의 아픔도 이해하고 마음도 나눌 수 있었던 거지. 그러니 너도 나미랑 공통점이 뭔지 한번 찾아보도록 하렴."

"아, 그럴게요."

갑자기 후정이가 눈을 감았다. 자기와 나미의 공통점이 뭐가 있는지 생각하는 중이었다. 잠시 뒤, 후정이가 눈을 뜨며 약간 흥분한 목소리로 말했다.

"찾았다! 찾았어요!"

"그게 뭐니?"

"둘 다 왼손잡이예요."

"아, 그렇구나. 잘 찾아냈구나. 분명 또 다른 공통점이 있을 거야. 많이많이 찾아보렴. 그리고 언제 기회가 되면 나미에게 너와의 공통점을 말해 주렴. 그럼 혹시 아니? 나미가 마음을 열어 줄지."

"예, 그럴게요."

후정이의 얼굴이 한결 밝아졌다.

"그리고 후정아, 한 가지 더! 상대방의 마음을 얻으려면 그 사람의 관심사에 대해 알아야 한단다. 누군가가 자기가 좋아하는 것에 관심을 기울여 주면 기분이 좋아지거든. 이야기 하나를 더 들려주마."

자그마한 빵가게를 운영하는 남자가 있었어. 그런데 요즘 들어 장사가 너무나 안 돼서 남자는 깊은 고

민에 빠졌어.

"어떡하지? 빵가게를 닫으면 가족들이 굶게 되고, 그렇다고 손님도 없는데 이대로 운영할 수도 없고……."

남자는 살길을 찾기 위해 가까운 곳에 있는 호텔 지배인을 찾아갔어.

"저는 호텔 옆에서 빵가게를 하는 사람입니다. 저희 가게의 빵을 여기 호텔에 머무는 손님들에게 제공을 하면 안 될까요?"

지배인은 고개를 내저으며 말했지.

"당신의 제안을 받아들일 수 없습니다. 그리고 내가 당신을 언제 봤다고 그런 제안을 쉽게 받아들입니까? 어서 돌아가세요."

남자는 지배인의 거절에 절망했어. 그런데 남자는 지배인이 들고 있는 아주 낡은 책을 봤어. 그 책은 바로 생텍쥐페리의 『어린왕자』였어.

빵가게로 돌아온 남자는 바로 서점에 들러 『어린왕자』를 샀지. 그리고 그 책을 읽기 시작했어. 읽고 또 읽어 무려 10번을 넘게 읽었어.

그리고 한 달 후, 남자는 옆구리에 『어린왕자』를 끼고 호텔 지배인을 다시 찾아갔지.

"저 다시 왔습니다. 그런데 지배인님은 『어린왕자』를 좋아하시나 봐요. 저도 무척 좋아해요. 자, 보세요."

"아, 그러네요. 참 재미있고 감동적인 책이에요."

"정말 그렇습니다. 전 벌써 10번을 넘게 읽었어요."

"아직 멀었네요. 전 100번도 넘게 읽었는데……."

어느새 남자와 지배인은 친해졌어. 결국, 지배인은 남자의 제안을 받아들였지.

"내일부터 매일 빵 100개씩 우리 호텔로 배달해 주세요."

"감사합니다."

남자가 지배인이 좋아하는 책에 대해 관심을 기울여 주니까, 지배인의 마음이 열렸던 거지.

"사람들은 자기에게 관심을 기울여 주고 자기가 좋아

하는 것에 대해 관심을 가져 주면 기분이 좋아지게 마련이지. 그러니 너도 나미가 뭘 좋아하고 뭘 생각하는지 그것을 잘 알아보도록 해. 그리고 그것에 대해 이야기를 나눠 보렴. 그게 바로 친해지는 비법이란다."

"그런 방법이 있었군요."

후정이는 가슴 한켠이 설레었다. 당장이라도 나미랑 친해질 수 있을 것 같다는 생각이 들었기 때문이다.

"후정아, 내가 나미에 대한 정보 하나 알려 줄까?"

후정이는 고개를 앞으로 내밀어 카네기의 말에 귀를 쫑긋 세웠다.

카네기는 진지한 표정으로 말했다.

"내가 보기엔 나미가 책을 아주 좋아하는 것 같더구나. 그러니 후정이 너도 책을 많이 읽으렴. 그래야 나미와 함께 책 이야기를 나눌 수 있지 않겠니? 그리고 나미에게 책을 선물하면 지금보다 훨씬 더 친해질 수 있을 거야."

후정이는 손바닥으로 무릎을 치며 기뻐했다.

"아, 알았어요. 그 방법대로 해 볼게요. 이제부터라도 책을 많이 읽을 거예요."

"그래, 꼭 그렇게 하렴. 나미랑 친해지고 그리고 책 속에서 지혜도 얻고. 일석이조구나."

카네기는 이어 말했다.

"그리고 사람들은 큰 선물이나 큰 배려보다는 때론 작지만 세심한 관심에 감동을 받는단다. 이 말도 명심하기 바란다. 알았지?"

"예, 그럴게요. 카네기, 저 이제 그만 가 볼게요. 책부터 좀 읽어야겠어요."

"하하하, 벌써 시작했구나. 그래, 어서 가 보렴. 이러다 후정이 너, 책벌레가 되겠구나."

카네기는 얼굴 가득 웃음이 번졌다.

후정이는 카네기에게 꾸벅 인사를 했다. 후정이는 카네기의 방에 처음 들어올 때의 표정과는 180도 다른 환한 표정으로 방을 나섰다.

잠시, 카네기는 두 눈을 감았다. 그리고 후정이와 나미가 잘되길 마음속으로 빌었다.

그렇게 또 카네기는 아이들에게 '관심의 비밀'을 알려주었다.

시크릿 노트

세심한 관심으로 감동을 준 루즈벨트 대통령

어느 날, 테오도어 루즈벨트 대통령은 백악관의 심부름꾼인 제임스 아모스의 아내와 대화를 나눌 기회가 있었다.

"부인, 이제까지 메추라기를 한번도 본 적이 없다고요?"

"예, 대통령님. 그 새를 한번도 본 적이 없습니다."

"그렇군요."

그러던 어느 날, 제임스 아모스가 있는 곳에 전화벨 소리가 울렸다.

"여보세요."

"아, 자넨가? 나 대통령일세."

"아, 예. 대통령님. 무슨 일입니까? 제가 지금 할 일이라도 있습니까?"

"아니, 그게 아니라……. 지금 자네 부인을 데리고 백악관 뒤뜰에 좀 나가 보게."

"왜 그러시는지요?"

"자네 부인이 이제껏 살면서 메추라기를 본 적이 없다고 했네. 지금 나가면 볼 수 있을 걸세. 어서 나가 보게. 다른 곳으로 날아가기 전에 말이야."

대통령의 세심한 관심에 제임스 아모스와 부인은 크게 감동을 받았다.

그리고 루즈벨트 대통령이 임기를 마치고 민간인의 자격으로 백악관에 간 적이 있었다.

그는 백악관 주방에서 일하는 하녀 앨리스를 보며 먼저 인사를 건넸다.

"앨리스, 잘 지냈나?"

"아, 예. 그런데 제 이름을 아세요?"

"물론이지! 참, 그리고 자네가 만든 옥수수빵이 아주 맛있었지. 혹시 그 빵을 몇 개 좀 얻어 갈 수 있나?"

"물론이죠, 백 개 아니, 천 개라도 드리지요."

앨리스는 하찮은 자신의 이름까지 기억해 주고 또 자기가 만든 소박한 빵까지 달라고 하는 소탈한 대통령에게 너무나 감동을 받았다. 그래서 눈물을 흘리며 루즈벨트 대통령을 위해 항상 기도했다고 한다.

이처럼 테오도어 루즈벨트 대통령은 세상 사람들에게 관심을 기울여 주는 마음 따뜻한 사람이었다.

시크릿 박스

🦋 인간에 대한 가장 나쁜 죄는 인간을 미워하는 것이 아니라 무관심이다.

― 버나드 쇼 (영국 극작가)

  누군가를 미워한다는 것은 적어도 그 사람에게 관심이 있다는 거지요. 그러나 미움조차 없다는 것은 그 사람에 대해 전혀 신경 쓰고 싶지 않다는 걸 의미해요. 이처럼 미움보다 더 무서운 것이 바로 무관심이에요. 사랑이든 미움이든 사람에 대해 관심을 기울여 주세요. 그게 정말로 인간다운 마음이고 이 사회를 아름답게 만드는 일이랍니다.

🦋 뉘 집에 죽이 끓는지 밥이 끓는지.

― 한국 속담

  요즘은 옆집에 누가 사는지도 모르고 옆집에 무슨 일이 일어나는지도 잘 몰라요. 어떤 사람이 위험에 처해 있어도 도움도 주지 않은 채 혹시 나에게 손해가 가지 않을까 하고 피하고 말지요. 자기만 생각하고 자기 가족만 챙긴다면 이 사회는 사막과도 같을 거예요. 내 이웃과 이야기를 나눠 보세요. 그들의 생각도 듣고 꿈도 듣고 고민도 함께 나누세요. 그러면 가족만큼이나 가까운 사이가 될 거예요.

내가 그의 이름을 불러 주었을 때, 그는 나에게로 와서 꽃이 되었다.

— 김춘수(한국 시인)

누군가가 자기의 이름을 불러 주면 참으로 기분이 좋아지지요. 그 이유는 자기 자신이 관심 받고 있다는 느낌을 받으니까요. 이처럼 사람은 누군가가 자신에게 관심을 기울여 주면 행복하고 또한 자기의 이름을 불러 준 사람과 금세 하나가 되지요. 이름을 불러 준다는 것, 그건 관심의 표시이고 사랑의 시작이에요. 사귀고 싶은 사람이 있다면 그 사람의 이름을 자꾸 불러 보세요. 혹시, 알아요? 그 사람이 다가와 정말로 꽃이 되어 줄지.

사랑은 폭력이라는 폭풍에는 견뎌 내는 힘이 있으나, 북극의 얼음처럼 오랜 무관심에는 견딜 수가 없다.

— 월터 스콧(영국 시인)

사랑은 참으로 강해요. 그 어떤 아픔이나 상처도 견딜 수 있지요. 사랑은 모든 것을 감싸 안고 이해를 하는 거니까요. 그러나 사랑은 무관심 앞에서는 산산조각이 나고 말지요. 사랑의 반대말은 미움이 아니에요. 바로 무관심이지요. 세상 사람들이 나에 대해 무관심하다면 그것은 참으로 살아가기가 힘들지요. 어차피 사람은 혼자서 살아갈 수 없어요. 그러니 내 주위 사람들에게 많은 관심을 보이며 더불어 사세요. 그게 진짜 사는 맛이지요.

1%의 시크릿
내 얘기 좀 들어 볼래?

나는 앤드류 카네기.
철강 사업을 하는 기업가다.

나는 미국의 피츠버그에
제철공장을 세웠다.
제철공장에서
철도 레일을 만들었다.

그런데 아직 회사의 이름이 없었다.
직원들은 회사 이름을
쉽게 빨리 지으라고 했다.

그러나 나는
깊은 고민을 했다.
그리고 마침내 회사 이름을
'에드가 톰슨'이라는
사람 이름으로 지었다.

그렇게 지은 이유는 펜실베이니아에 있는
철도회사 사장의 이름이
에드가 톰슨이었기 때문이다.
그 철도회사에 우리 제철공장에서 만든
철도 레일을 팔기 위해서였다.

나의 예상은 적중했다.
철도회사 사장 에드가 톰슨은
자기 이름과 똑같다고 기뻐하며

우리 제철공장의 철도 레일을 샀다.
그 덕분에 우리 회사는
크게 성장할 수 있었다.

상대방에게 관심을 기울이고
상대방을 기분 좋게 한다면
누구나 성공할 수 있다.
그게 나의 성공 전략이다.
훗날, 나는
세계 최고의 철강왕이 되었다.

넷째 날 * 관심의 비밀 | 123

다섯째 날
배려의 비밀

누군가가 돋보기로 너의 마음을 들여다보며
너의 마음을 읽는다고, 그게 다 배려는 아니야.
한걸음 다가와 마음을 어루만져 주고
따뜻하게 안아 주며 행동으로 보여 주는 것,
그게 진짜 배려야.
더 이상 문 앞에서만 서성이지 말고
문을 열고 들어가서 친구와 하나가 되어 주렴.

세상에서 가장
맛없는 케이크

세상에서 가장 맛없는 케이크

앞치마와 요리 모자를 쓴 카네기가 요리실로 들어왔다.

카네기는 좀 쑥스러운 듯 괜히 으흠 하고 헛기침을 하며 말했다.

"어떠니? 잘 어울리니?"

"예, 정말로 멋진 요리사 같아요."

"잘 어울려요."

"그런데 모자가 좀 작은 거 아니에요?"

"하하하."

카네기는 멋쩍은 듯 크게 웃으며 말했다.

"내 머리가 좀 크긴 하지. 에헴, 오늘은 여러분과 함께 고구마 케이크를 만들어 볼 거야. 각자 요리대 앞에 재료가 준비되어 있지? 그리고 참, 칼도 있고 또 가스레인지도 있으니까 다들 조심하길 바란다. 알았지?"

"예."

아이들은 자신들이 직접 케이크를 만든다는 사실에 무척 설레었다.

카네기는 삶은 고구마를 그릇에 담았다. 그리고 주걱으로 고구마를 으깨며 말했다.

"여러분, 지금부터 잘 보고 따라하도록 해. 내 말을 하나라도 놓치면 맛있는 케이크를 만들 수 없어. 그러니 집중을 잘 하도록 알았지?"

"예."

"먼저 고구마를 그릇에 담아 으깨도록."

아이들은 카네기의 말에 따라 그릇에 고구마를 넣고 으깨기 시작했다. 그런데 천하는 얼굴 가득 긴장감이 흘렀다. 천하는 침을 꿀꺽 삼키며 옆에 있는 대로에게 물었다.

"대로야, 카네기가 고구마를 어떻게 하라고 했지?"

대로는 귀찮다는 듯 퉁명스럽게 말했다.

"으깨라잖아."

"……."

잠시 뒤, 카네기가 아이들에게 말했다.

"이번에는 옆에 있는 꿀과 버터 그리고 설탕을 넣으세요. 자, 보세요. 이 정도입니다."

아이들은 입술을 야무지게 포개며 고개를 끄덕였다. 그런데 이번에도 천하는 어리둥절했다. 천하는 또 옆에 있는 대로에게 물었다.

"대로야, 지금 너 뭘 넣는 거니?"

대로는 눈가에 힘을 주며 천하를 째려봤다.

"너 정말! 카네기가 알려 줄 때 뭐 했어? 그렇게 느려서 어떻게 하니?"

천하는 머리를 긁적거리며 한숨을 내쉬었다.

"대로야, 좀 알려 줘. 그, 그 하얀 게 뭐니?"

대로는 짜증 섞인 말투로 대충 대답했다.

"휴, 정말! 귀찮게 하네. 소금이야. 소금! 소금 아주아주 많이 넣어!"

"고, 고, 고마워."

천하는 대로의 말을 믿고 소금을 잔뜩 넣었다.

이번에는 카네기가 생크림을 거품기로 휘저어 거품을 내기 시작했다. 아이들은 하나라도 놓치지 않으려고 카네기의 시범을 뚫어져라 쳐다보았다.

천하도 잔뜩 긴장한 얼굴로 카네기를 쳐다보았다. 그런데 쉽사리 머릿속으로 들어오지 않았다.

"자, 시작하도록 해. 그리고 마지막에 레몬즙을 살짝 넣어 주도록."

천하는 다급한 목소리로 대로에게 물었다.

"대로야, 대로야. 자, 봐 봐. 이 정도면 됐니?"

대로는 자기가 최고로 멋지고 맛있는 케이크를 만들고 싶었다. 그런데 천하가 옆에서 자꾸만 질문을 하니 정말로 성가셨다.

"그래그래, 그 정도면 됐어. 소금이나 더 넣어!"

대로는 귀찮은 듯 대충 대답해 줬다.

어느 정도 시간이 흘렀다. 케이크가 완성 단계에 이르렀다.

아이들은 크림과 초코시럽을 이용해 케이크 위에 멋진 문구를 쓰기 시작했다.

대로는 케이크 위에 '세상 최고의 맛'이라고 썼다. 어느덧 다른 아이들도 다 완성을 했다. 아이들은 서로 자기 케이크가 최고라며 자랑을 늘어놓았다.

뒤늦게 천하도 케이크를 완성했다. 천하도 '천하제일'이라는 문구를 써 놓았다.

카네기는 아이들이 만든 케이크를 둘러보며 만족스러워했다.

"다들 수고했다. 처음치고는 다들 제법이군. 이제 맛을 볼 시간이구나."

대로는 어깨를 우쭐거리며 혼잣말로 중얼거렸다.

"보나마나 내 것이 최고로 맛있을 거야. 아, 빨리 먹고 싶다."

그런데 카네기가 뜻밖의 말을 꺼냈다.

"자, 그럼 옆 사람과 자리를 바꾸도록 해. 그리고 옆 사람의 케이크를 먹도록 해."

천하와 자리를 바꾼 대로는 하늘이 무너지는 줄 알았다. 천하가 만든 케이크를 먹어야 하기 때문이었다.

"카, 카네기. 자기가 만든 걸 먹으면 안 되나요?"

"그건 안 돼! 자, 어서 자기 앞에 놓인 케이크를 먹으렴."

천하는 대로가 만든 케이크를 조각 내서 한입 크게 베어 먹었다.

"으음, 달고 맛있다!"

이번에는 대로가 천하의 케이크를 한입 크게 베어 먹었다.

"으웩! 이게 뭐야! 케이크가 아니라 완전 소금덩어리잖아!"

몇몇 아이들은 맛있게 먹었지만 몇몇 아이들은 울상을 하고 있었다.

카네기는 아이들에게 말했다.

"한입 더 먹으렴."

대로는 어쩔 수 없이 짜디짠 소금 케이크를 또 한입 먹었다. 맛이 너무 짜서 입 안이 얼얼했다.

천하는 눈치도 없이 케이크를 먹으며 대로에게 말했다.

"대로야, 네가 만든 거 정말 맛있다. 네 말대로 '세계 최고의 맛'이야."

대로는 무척 화가 났다.

"이런 법이 어딨어!"

대로는 금방이라도 눈물이 날 것만 같았다.

요리 수업은 끝나고 아이들은 교실로 갔다. 그런데 대

로는 아직도 자신이 소금 케이크를 먹은 게 억울한지 요리실을 떠나지 못했다.

카네기는 대로에게 다가와 조심스럽게 말을 걸었다.

"대로가 많이 속상했구나?"

"천하가 만든 소금 케이크를 먹었단 말이에요."

대로는 퉁명스럽게 말했다.

"그랬구나. 그러나 대로야 이렇게 생각해 보렴. 네가 만든 걸 남이 맛있게 먹으면 그게 더 멋진 일 아니니?"

대로는 입술을 내밀며 말했다.

"그래도 좀 억울해요. 케이크도 못 먹고……. 천하가 제대로만 만들었으면 저도 맛있게 먹었을 텐데."

카네기는 자신의 케이크를 한 조각 건네며 말했다.

"자, 이거 한입 먹으렴."

대로는 케이크 한 조각을 입 안에 넣었다. 아주 달콤하고 맛있었다.

"대로야, 이번 요리 시간은 맛있는 걸 만드는 게 목적이 아니야. 바로 친구 사이에 서로 도움을 주는 것을 너희들에게 가르쳐 주기 위해서였어. 자기 것 만드느라 정신이 없겠지만 그래도 옆에 있는 친구를 도왔다면 얼마나 좋았겠니?"

대로는 마음이 복잡했다. 천하의 질문에 귀찮아했던 게 미안하기도 하고 또 한편으로는 여전히 억울한 마음에 화가 나기도 했다.

카네기는 대로의 마음을 포근하게 감싸 주기 위해 이야기 하나를 해 주었다.

작은 어항 속에 노란 물고기와 파란 물고기가 살고 있었어. 그런데 둘은 눈만 마주치면 매일 싸웠단다.

"저리 비켜! 너 때문에 비좁단 말이야!"

"그건 내가 할 소리야! 덩치만 커 가지고!"

두 물고기는 서로 미워했어. 그리고 마음속으로 제발 이 어항에서 사라져 버렸으면 하고 생각했어.

그러던 어느 날, 둘은 이리저리 돌아다니다 서로 꽝 하고 부딪쳤어.

"앞을 똑바로 보고 다녀!"

"너나 똑바로 봐!"

결국, 둘은 싸우기 시작했어. 파란 물고기는 아주 많이 다치고 말았지. 파란 물고기는 시름시름 앓다가 그만 죽고 말았어.

노란 물고기는 좋아하며 중얼거렸어.

"이제 이 어항은 내 차지군. 아주 넓어서 좋군."

그런데 어디선가 악취가 나는 거야. 알고 봤더니 파란 물고기가 썩어서 악취가 났던 거야. 파란 물고기가 썩는 바람에 어항 물도 썩게 되고 말았어. 그래서 결국, 노란 물고기도 죽고 말았지.

"대부분 사람들은 어려운 상황, 힘든 상황일수록 자기 자신만 생각하지. 그러나 그건 옳지 않아. 남들이 살아야 나도 사는 법이야. 그러니 남들도 생각해 주고 챙겨 줘야 해. 자기만 생각하는 사람들로 넘쳐 난다면 우리가 사는 이 세상은 황폐한 사막과도 같을 거야. 남을 생각하는 오아시스 같은 마음이 필요해."

대로의 마음이 좀 숙연해졌다. 대로는 작은 목소리로

말했다.

"나는 나만 생각했어요. 맛있는 케이크를 만들려는 욕심에 천하의 말을 무시했어요."

"아마도 내가 너와 같은 상황이었더라도 그랬을 거야. 사람은 누구나 다 자기 욕심이 있게 마련이니까. 그러나 늘 마음 한 조각을 남을 위해 사용해야겠다는 생각을 잊어서는 안 돼."

카네기는 이어 이야기를 하나 더 대로에게 들려주었다.

인도의 지도자인 간디가 열차를 탔을 때의 일이야.

열차가 기적을 울리며 막 출발을 했지. 그런데 간디는 실수로 그만 한쪽 신발을 땅바닥에 떨어뜨리고 말았어. 신발을 줍기에는 이미 늦었지.

주위 사람들은 안타까운 표정으로 간디를 쳐다보았어. 그런데 갑자기 간디가 신고 있던 신발 한 짝을 얼른 창밖으로 던졌어.

사람들은 어리둥절했지. 한 사람이 간디에게 물었어.

"왜 신발 한 짝을 던졌습니까?"

그러자 간디가 미소 지으며 말했어.

"신발은 두 짝이 다 있어야 신을 수 있잖아요. 누군가 저 신발을 신었으면 좋겠군요."

"기꺼이 내 것을 남을 위해 내줄 수 있고 나보다 남을 더 많이 생각한다면 늘 케이크처럼 달콤하고 행복감을 느낄 거야. 알겠지?"

"예……."

"대로야, 이야기를 하나 더 들려주마. 잘 들어 보렴."

한 할아버지가 마을 어귀에 작은 감나무 한 그루를 심고 있었어.

그런데 그곳을 지나가던 한 청년이 할아버지에게 다가와 물었지.

"할아버지, 지금 뭐 하세요?"

"보면 모르나? 감나무를 심고 있잖아."

"아니, 그게 아니라 뭣하러 그걸 심으세요. 손바닥만 한 그 나무가 어른 키만큼 자라려면 시간이 아주 많이 걸리잖아요. 할아버지가 그 감을 따 먹으려면 백 살은 넘게 사셔야 돼요."

그러자 할아버지는 고개를 내저으며 말했어.

"이 나무에 열린 감을 내가 먹지 못하면 어떤가? 나는 그저 내 아들, 내 손자 그리고 내 이웃들이 먼 훗날, 이 감나무에 열린 감을 따 먹는 걸로 만족하네. 그리고 무더운 날에 이 나무 그늘에서 사람들이 잠시 쉬어 가도 좋지 않은가. 안 그런가?"

할아버지의 말을 듣고 청년은 고개를 끄덕였어.

"할아버지 말씀이 옳네요. 저도 도울게요."

할아버지와 청년은 서로 힘을 모아 감나무 한 그루를 심었지.

"이야기는 여기까지야."

카네기의 이야기가 끝나자, 대로는 무엇인가 생각을 할 게 있는지 눈을 감았다.

카네기는 조용히 기다려 주었다. 지금 대로가 마음속으로 배려라는 아름다운 감정을 받아들이고 있다는 걸 잘 알기 때문이었다.

잠시 뒤, 대로는 눈을 떴다. 그러더니 갑자기 제자리에서 폴짝폴짝 뛰기 시작했다. 대로의 갑작스런 행동에 카네기는 눈을 깜박거렸다.

"대로야, 지금 뭐 하는 거니?"

대로는 빙그레 웃으며 말했다.

"카네기, 지금 출렁출렁 물소리가 들리지 않나요?"

카네기는 양손을 귀에 갖다 대며 소리를 듣는 시늉을 했다.

"그래그래, 물소리가 들리는구나."

"정말요?"

"그래그래, 내 가슴속에 오아시스가 있구나. 그렇지?"

카네기는 대로의 마음을 읽고 그런 멋진 대답을 한 것이다.

대로는 행복했다. 그리고 입가에 웃음이 번졌다.

"이제 가 보렴. 친구들한테 시원한 물 한 잔씩 줘야

지?"

"예, 그럴게요."

대로는 싱글벙글 웃으며 요리실을 나갔다. 카네기는 여느 때보다 더 마음이 흐뭇했다. 마치 케이크를 입 안 가득 머금고 있는 기분이었다.

그렇게 또 카네기는 아이들에게 '배려의 비밀'을 전해 주었다.

시크릿 노트

노래를 작게 부른 이유

소프라노 가수 조앤 서덜랜드는 영국에서 오페라 공연을 앞두고 있었다.

드디어 오페라 공연 날이 다가왔다. 그런데 그녀의 상대역인 테너 주앙 지빈이 갑자기 몸에 이상이 생겼다.
테너 주앙 지빈의 몸 상태는 심각했다.
온몸에 열이 나고 목도 많이 부은 상태였다.
그녀는 걱정스러운 말투로 주앙 지빈에게 말했다.
"공연을 미루거나 취소해야겠어요."
주앙 지빈은 고개를 내저으며 말했다.
"공연을 할 수 있습니다. 전 충분히 할 수 있습니다."
그의 고집으로 공연을 하기로 결정했다.

막이 올라가자 주앙 지빈은 근엄한 목소리로 노래를 부르기 시작했다.

그런데 그는 너무 힘들었던지, 목소리가 힘이 없고 작았다. 그의 노래가 끝나고 이어서 그녀의 노래가 시작되었다.
그런데 웬일인지, 그녀의 목소리도 평소와는 달리 작았다.
관객들은 고개를 갸웃거리며 웅성거렸다.

"왜 저렇게 노래를 작게 부르지?"
관객들은 작은 목소리라도 잘 듣고 싶어서 귀를 쫑긋 세웠다.
그리고 조앤 서덜랜드와 주앙 지빈이 함께 노래를 부를 때도 그녀의 목소리는 작았다.
공연이 끝나고 주앙 지빈이 그녀에게 물었다.

"오늘 노래를 왜 그렇게 작게 불렀어요? 당신도 나처럼 어디가 아픈가요?"

그러자 그녀는 빙그레 웃으며 말했다.
"사실 저는 전혀 아프지 않습니다."
"그런데 왜 목소리가……."
"당신 때문이었지요. 당신은 아파서 목소리를 크게 내지 못하는데, 내 목소리가 크면 당신 목소리가 더욱 작게 들릴까 봐, 일부러 저도 작게 불렀어요. 당신의 목소리에 맞춰 부른 겁니다."
그녀의 말을 듣고 주앙 지빈은 감동을 받았다.
"고맙습니다. 이렇게 배려심이 깊은 줄 몰랐습니다. 당신 덕분에 제가 살았습니다. 정말로 고맙습니다."

아픈 상대 배우를 배려해 기꺼이 자신의 목소리를 낮춘 조앤 서덜랜드.

그녀의 따뜻한 마음씨는 세상 사람들에게 전해졌고 그 후로 그녀는 더욱 유명한 세계적인 소프라노 가수가 되었다.

시크릿 박스

🦋 네가 다른 사람에게 바라는 일을 네가 먼저 그 사람에게 베풀어라.

― 공자 (중국 성자)

　남들에게 사랑 받기를 원한다면 먼저 사랑을 베풀면 되고, 남들에게 칭찬 받기 원한다면 먼저 칭찬을 하면 되지요. 그리고 남을 대할 때 그 사람의 몸도 내 몸같이 소중히 여겨야 해요. 내 몸이 귀하면 당연히 남의 몸도 귀하지요. 남을 대접해 주고 아낌없이 주는 것, 그래야 그만큼 받을 수 있어요.

🦋 사람이 따뜻한 마음을 잃는다면 무엇보다도 그 자신의 인생이 외롭고 비참하게 된다.

― 칼 힐티 (스위스 사상자)

　우리가 추운 겨울을 견딜 수 있는 건 바로 따뜻한 마음이 있기 때문이에요. 내 것만 챙기려 하지 말고 남을 위해 내 소중한 것까지 기꺼이 내주는 사람이 되세요. 차라리 내 호주머니에서 얼마의 값을 치르더라도 다른 사람에게 따뜻한 마음을 주세요. 도움을 줄 때, 이 사람이 도움이 필요한가, 아닌가를 굳이 따지지 마세요. 사랑 받기를 누구나 원하며 또한 사랑을 줘야 하는 건 인간의 도리이기도 합니다.

🦋 한 사람이 못을 박으면 다른 사람은 그 못에 모자를 걸 수 있다.

– 영국 속담

　내가 나무 한 그루를 심으면 그 나무는 무럭무럭 자라서 수많은 사람들에게 큰 도움을 주지요. 한여름에 무더위에 지친 사람은 그 나무 아래에서 쉬어 갈 수 있고 땔감이 필요한 사람은 그 나무를 베어 갈 수도 있고 외로운 사람은 그 나무와 이야기를 나눌 수도 있지요. 내가 조금 힘들더라도 남을 위해 무엇인가를 해 보세요. 조금이라도 남을 위해 베풀 수 있는 능력이 남아 있다면 그것만큼 행복한 일은 없답니다.

🦋 모든 사람에게 예의 바르고 친절한 사람은 적이 없다.

– 프랭클린 (미국 정치가)

　남들과 등지고 사는 사람들을 보면 하나같이 이기적인 사람이에요. 그러나 남들과 함께 우정과 사랑을 나누며 사는 사람들은 하나같이 배려심이 깊은 사람이지요. 적과 친구의 차이는 크지 않아요. 상대방의 입장에서 생각하고 상대방이 마음 불편해하지 않도록 대하면 적도 금세 친구가 될 수 있지요. 그리고 친한 사이일수록 예의를 지켜야 해요. 그래야 그 우정이 깨지지 않고 오래갈 수 있답니다.

1%의 시크릿

내 얘기 좀 들어 볼래?

나의 이름은
미우라 아야코.

나는 조그마한 구멍가게 하나를 열었다.
그런데 뜻밖에도
장사가 너무나 잘됐다.
우리 구멍가게에는
사람들로 가득 붐볐다.

그러던 어느 날, 문득 이런 생각이 들었다.
'우리 가게가 잘되면 이웃 가게들은
장사가 잘 안 될 텐데······.'

나는 이웃 가게를 생각해서 어떤 날은
우리 가게에 물건을 들여놓지 않았다.
물건을 사러 온 손님들은
우리 가게에 물건이 없는 걸 알고
다른 가게로 발길을 돌렸다.

나는 나 혼자 잘살기보다는
이웃과 더불어 잘살기를 원했다.
예전보다 장사는
그다지 잘되지 않았다.
그러나 마음은 행복했다.

나는 어느 정도 여유가 생겨
틈틈이 글을 쓰기 시작했다.
그리고 마침내
한 권의 책을 완성할 수 있었다.

그 책이 바로 『빙점』이다.
내가 펴낸 책은 많은 사람들로부터
사랑을 받아 베스트셀러가 되었다.
남을 배려한 덕분에
내 책이 탄생할 수 있었고
나는 최고의 작가가 될 수 있었다.

여섯째 날
웃음의 비밀

백 번의 명령이나 지시보다
한 번의 웃음이 사람을 움직이게 만들지.
그게 바로 웃음의 힘이야.
또한 웃음은 미움이나 아픔, 고통 같은 무서운 병도
단 한 번에 물리칠 수가 있지.
웃음은 슈크림처럼 부드럽지만
슈퍼맨처럼 아주 힘이 강해.

세상에서 가장 **웃긴 벌**

세상에서 가장 웃긴 벌

"**게임하는 데** 자꾸 방해 좀 하지 마! 넌 꼴찌야!"

후정이의 말에 전우는 서운했다. 그래서 혼잣말로 중얼거렸다.

"나 참, 더러워서. 게임기 하나 있다고."

그런데 후정이가 전우의 말을 들었는지 슬쩍 전우를 흘겨보았다. 그리고 바로 후정이는 또다시 게임에 열중했다. 아이들도 게임하는 것을 구경하느라 정신이 없었다.

잠시 뒤, 후정이가 안타까운 표정을 지으며 말했다.

"아, 이런! 끝났잖아."

후정이가 게임을 끝내자, 아이들은 자기 차례가 올 거라는 기대감 때문에 기뻐했다.

"후정이 이제 우리도 한 판씩 하자."

"그래, 좋아."

후정이는 잠시 고민에 빠졌다. 순서를 정해야 하기 때문이다.

"너희들 가위바위보 해!"

아이들은 모두 비장한 표정으로 가위바위보를 했다.

"가위 바위 보!"

"이야! 내가 이겼다."

전우가 가위바위보에서 1등을 한 것이다. 그 다음은 태풍이 그리고 대로, 천하 순이었다.

"후정아, 내가 이겼어. 게임기 좀 빌려 줘."

전우가 후정이에게 손을 내밀었다. 그런데 갑자기 후정이가 전우의 손을 톡 내리쳤다.

전우는 당황스러운 표정을 지으며 말했다.

"후, 후정아. 왜 그래? 내가 이겼잖아."

후정이는 냉정한 말투로 말했다.

"넌 하지 마! 아까 네가 한 말 못 들은 줄 알아?"

"그, 그건……. 미, 미안해."

"필요 없어. 자, 태풍아. 네 차례야."

후정이는 태풍이에게 게임기를 내밀었다.

그러자 전우는 몹시 화가 났다.

"후정이 너! 그럴 수 있어! 그깟 게임기 하나 가지고 사람을 무시해!"

후정이도 물러서지 않았다.

"그깟 게임기, 그래 말 잘했다. 너는 그깟 게임기조차도 없잖아. 널 마지막에 시켜 주려고 했는데 이제 넌 아주 끝이야!"

후정이는 전우에게 사납게 말했다.

"쳇, 더럽고 치사해서 안 한다! 키가 꼭 전봇대만 해 가지고!"

전우의 말에 후정이도 화가 치밀어 올랐다.

"너 말 다했어! 너 정말 나한테 혼나 볼래!"

"그래, 말 다했다! 어쩔래! 때려 봐. 때려 봐!"

결국 둘은 몸싸움까지 하게 되었다. 둘은 넘어진 채로 엎치락뒤치락하며 바닥을 뒹굴었다. 급기야 얼굴을 할퀴고 주먹이 날아다녔다. 아이들은 전우와 후정이를 말리려 애썼지만 둘은 서로 떨어지지 않았다.

그때였다. 카네기가 교실 문을 열고 들어왔다.
"너희들 지금 뭐 해!"

그제야 전우와 후정이는 싸움을 멈췄다. 둘은 모양새가 엉망이었다. 머리가 헝클어지고 얼굴에도 상처가 나 있었다. 둘은 아직도 분이 풀리지 않았는지 서로를 무섭게 노려보고 있었다.

카네기는 엄격하고 화난 목소리로 말했다.
"전우랑 후정이 날 따라와!"

전우랑 후정이는 고개를 푹 숙인 채 카네기를 뒤따라 나갔다. 카네기는 운동장 한가운데에 멈춰 섰다. 카네기는 둘을 바라보며 말했다.
"서로 싸웠으니까 당연히 벌을 받아야겠지?"

그러자 전우가 억울하다는 듯 입을 열었다.

"후정이가 먼저 싸움을 걸었어요. 나를 무시했단 말이에요."

후정이도 전우의 말을 되받아쳤다.

"그게 아니에요. 전우가 먼저 밀쳤단 말이에요."

카네기는 큰소리로 말했다.

"조용조용! 너희들에게 벌을 주겠다. 서로 마주 보도록."

전우와 후정이는 마주 보았다. 아직도 서로에 대한 미움과 원망이 남아 둘 다 눈빛이 강렬했다.

"하하하."

그런데 갑자기 카네기가 아주 큰소리로 웃기 시작했다.

전우와 후정이는 이상한 눈빛으로 카네기를 쳐다보았다. 카네기가 왜 웃는지 까닭을 몰랐다. 잠시 뒤, 카네기가 입을 열었다.

"너희 둘에게 줄 벌은 바로 '웃음'이다. 서로 마주 보고 서서 5분 동안 웃어라. 알았지?"

전우와 후정이는 두 눈이 휘둥그레졌다.

"예? 서로의 얼굴을 마주 보고 웃으라고요?"

카네기는 아무런 대꾸도 하지 않고 나무 의자가 있는 쪽으로 걸어갔다.

운동장 한가운데 덩그러니 남은 전우와 후정. 둘은 한참 동안 아무 말 없이 서로를 바라보았다. 웃음이 나오지 않았다. 그렇다고 이대로 계속 서 있을 수만은 없는 노릇이었다.

"히히히."

전우가 억지로 웃었다.

"하하하."

그러자 이번에는 후정이도 억지로 웃기 시작했다.

처음에는 억지로 웃었는데 웃다 보니 정말로 웃겼다. 둘은 경쟁이라도 하듯 더 크게 웃었다. 급기야 그 넓은 운동장에는 둘의 웃음소리로

가득 찼다. 그렇게 5분 동안 둘은 실컷 웃었다. 카네기가 둘을 바라보며 말했다.

"전우랑 후정이 이제 그만 웃고 이리 오너라."

전우와 후정이는 나무 의자가 있는 쪽으로 뛰어갔다.

카네기는 웃으며 둘에게 물었다.

"그래, 웃으니까 어떠니? 마음이 좀 풀렸니?"

전우는 멋쩍게 웃으며 작게 대답했다.

"예."

후정이도 대답했다.

"좀 괜찮아졌어요."

"그래, 그럼 됐다. 그만 교실로 들어가렴."

전우와 후정이는 카네기에게 꾸벅 인사를 하고 교실로 향했다. 그런데 전우가 가던 길을 멈추고 다시 카네기가 있는 쪽으로 다가왔다.

"전우야, 안 가고 왜 다시 왔니?"

카네기는 빙그레 웃으며 전우를 맞이했다.

"그, 그냥요. 그런데 신기해요. 웃으니까 정말로 기분이 좋아졌어요. 미움도 사라진 것 같고……."

"그게 바로 '웃음의 힘'이란다."

"웃음의 힘요?"

"그래, 웃음은 그 어떤 장애나 슬픔이나 괴로움을 뛰어넘는 힘을 가지고 있지. 또한 상대방의 마음까지도 즐겁게 만들지. 이야기를 하나 해 줄까?"

한 스님이 길을 가다가 한 아이를 만났어. 그 아이는 해맑게 웃고 있었어. 그런데 아이의 옷은 아주 낡고 지저분했어. 스님은 아이들에게 물었지.

"왜 이렇게 옷이 낡았니?"

그러자 아이는 빙그레 웃으며 말했어.

"저는 부모님이 안 계세요. 그래서 새 옷이 없어요."

"아, 그렇구나."

스님은 아이가 안타까웠어. 그런데도 아이는 여전히 웃고 있었어.

스님은 왜 자꾸 아이가 웃는지 그 이유를 물었어.

"너는 왜 그렇게 웃는 거니? 부모님도 안 계시고 새 옷도 없는데 슬프지 않니?"

그러자 아이는 고개를 내저으며 말했어.

"웃고 있으면 슬픔도 없어져요. 그리고 부모가 없고 새 옷이 없다고 울 필요는 없잖아요. 그리고 저를 다정하게 대해 주셔서 고맙습니다."

아이는 스님에게 꾸벅 인사를 했어.

그러자 스님은 고개를 내저으며 말했지.

"오히려 내가 너에게 고맙구나. 너의 웃음 덕분에 내 마음도 행복해지는 것 같구나."

"웃음만 한 약도 없단다. 웃음은 모든 병을 다 낫게 하거든. 슬픔도 좌절도 절망도 말이야. 그리고 또 불안하고 두려울 때, 누군가의 웃음을 보면 마음이 금세 편안해지고 용기를 되찾을 수도 있지. 이야기 하나 더 해 줄게."

승객을 태운 큰 배가 바다를 지나고 있었어. 그런데 그만 거대한 얼음에 부딪히고 말았어. 배가 심하게 흔들리기 시작했지.

"어, 배가 왜 이러지?"

"가라앉은 거 아냐?"

"큰일이네. 별일 없어야 할 텐데."

사람들은 안절부절못한 채 불안해했어. 선장은 두 손으로 조타기를 붙잡고 배를 돌리려고 애를 썼어. 그러나 배는 꼼짝도 하지 않았지. 배 밑이 얼음에 걸린 거였어.

사람들은 점점 불안해졌어. 여기저기서 울음소리도 들렸어.

"바다 한가운데서 우리 죽는 거 아니야?"

"도대체 선장은 뭘 하는 거야?"

승객들 중 한 젊은이가 선장한테 가서 지금 상황이 어떤지 알아보겠다고 나섰지.

젊은이는 선장이 있는 조타실로 갔어.

선장은 여전히 배를 움직이려고 안간힘을 썼어. 온몸이 땀으로 뒤범벅이 되었고 금방이라도 쓰러질 지경이었지.

그때, 젊은이가 조타실로 들어왔어.

선장은 젊은이를 보고 괜찮으니 걱정 말라는 듯 활짝 웃음을 보였어.

선장의 웃음을 본 젊은이는 승객들에게 달려가 이렇게 외쳤어.

"걱정 마세요. 배가 곧 움직일 거예요. 선장님이 나를 보고 웃었거든요."

젊은이의 말에 승객들은 모두 다 안심을 했지. 그리고 정말이지 놀랍게도 배가 서서히 움직이기 시작했어.

"이처럼 웃음 한 조각이 사람들의 마음에 안정감을 주고 희망도 준단다. 옛말에 이런 말이 있지. '일소일소

일노일노.' 이 말은 한 번 웃으면, 한 번 젊어지고 한 번 화내면, 한 번 늙어진다는 뜻이지. 웃음은 마음의 비타민 같은 거란다. 건강에도 좋고 하루하루 기분도 좋게 만들지."

"아, 그렇군요."

"참, 전우 너는 이 세상에서 아름다운 얼굴이 뭐라고 생각하니?"

"으음, 코가 오똑하고 쌍꺼풀이 짙고 눈이 커야 되지 않나요?"

"물론 그럴 수도 있겠지만 그보다 더 아름다운 얼굴이 있단다. 다음 이야기를 들어 보면 아름다운 얼굴이 어떤 얼굴인지 알게 될 거야."

한 소녀가 사진을 찍으러 사진관에 들렀어. 소녀는 거울을 보며 옷맵시를 만지작거렸지.

"다 됐으면 이제 의자에 앉으렴."

소녀는 사진관 주인에게 얼굴을 찌푸리며 말했어.

"아저씨, 사진 예쁘게 잘 찍어 주세요."

"그래, 알았어."

사진관 주인은 카메라 렌즈를 통해 소녀를 바라보았어. 그런데 소녀는 계속해서 얼굴을 찌푸리고 있었어.

사진관 주인은 소녀에게 말했어.

"인상 좀 쓰지 말고 활짝 웃으렴."

그러자 소녀는 짜증 섞인 말투로 말했어.

"그냥 예쁘게나 찍어 주세요."

소녀는 여전히 인상을 쓰며 예쁘게 찍어 달라고만 했어. 그러자 사진관 주인은 근엄한 목소리로 이렇게 말했어.

"자꾸 인상을 쓰면서 예쁘게 찍어 달라고만 하면 어떡하니? 웃어야 사진이 예쁘게 나오지."

그제야 소녀는 빙그레 웃었어. 사진관 주인은 소녀의 웃는 모습을 놓치지 않고 사진을 찍었어. 사진 속 소녀의 웃는 모습은 너무나 예뻤지.

카네기의 이야기를 다 듣고, 전우는 얼굴 가득 웃음꽃을 피웠다.

"그래, 바로 지금 너의 얼굴이 아름다운 얼굴이란다."

"정말요?"

"그래, 이 순간만큼은 네 얼굴이 이 세상에서 가장 아름답다."

카네기의 말이 끝날 때까지 전우의 입가에는 웃음이 사라지지 않았다.

"이제 저 가 볼게요."

"그래, 앞으로 후정이랑 친하게 지내렴. 알았지?"

"예, 후정이만 보면 웃을 거예요."

"그래그래, 그게 좋겠구나."

전우는 꾸벅 인사를 하고 교실로 향했다. 전우는 뭐가 그리 좋은지 가는 내내, 하하하 큰소리로 웃었다.

전우의 웃음소리에 카네기의 얼굴에도 웃음꽃이 활짝 피었다.

그렇게 카네기는 아이들에게 '웃음의 비밀'을 알려 주었다.

꿈·을·이·루·는·인·간·관·계·의·일·곱·가·지·비·밀

시크릿 노트

웃음 때문에 목숨을 구한 생텍쥐페리

『어린왕자』라는 동화를 쓴 생텍쥐페리가 전쟁터에 나갔다가 그만 적에게 붙들리고 말았다. 그래서 적의 포로가 되어 감옥에 갇히게 되었다.

그는 두렵고 무서웠다.

"오늘 죽을지 내일 죽을지도 모르는 신세군……."

어느 날, 그는 집에 있는 가족을 생각하며 담배 한 개비를 꺼내 물었다.

그런데 성냥이 없었다. 그는 감옥을 지키는 간수를 불렀다.

"여보세요~. 여보세요~."

"무슨 일이오?"

"죄송합니다만 불이 있으면 좀 빌려 주시겠어요?"

간수는 그에게 다가왔다. 간수와 눈이 마주친 그는 창살을 사이에 두고 간수를 보며 환한 웃음을 지어 보였다.

간수는 그의 웃는 얼굴을 보더니 그에게 방긋 웃어 주었다.

"불 여기 있소."

"고맙습니다."

간수는 다정한 말투로 입을 열었다.

"당신은 웃는 모습이 참 아름답군요. 이런 암울한 상황에서도 환한 웃음을 보이다니……."

그는 환하게 웃으며 말했다.
"힘들수록 웃어야죠. 내가 웃음을 지으면 상대방도 기분이 좋아지잖아요."
둘은 서서히 친해졌다.
간수는 그에게 물었다.
"가족이 있어요?"
"예, 있습니다. 여기 사진도 간직하고 있는걸요. 한번 보시겠습니까?"

간수는 생텍쥐페리의 가족 사진을 보고 눈물을 흘렸다. 자기도 가족이 보고 싶었던 것이다.

간수는 무슨 결심이라도 한 듯 고개를 끄덕이더니 감옥 문을 열어 주었다.
"가족에게 가시오. 당신을 기다리는 사랑하는 가족에게 가시오."
"정말입니까?"
"어서 가시오. 내 마음이 변하기 전에."
생텍쥐페리는 죽기 일보 직전에 감옥에서 나올 수 있었다. 그는 웃음 때문에 목숨을 구할 수 있었던 것이다.

시크릿 박스

🦋 **웃음은 전염된다.** — 윌리엄 프라이 (미국 의대 교수)

　교실에서 한 학생이 웃으면 그 웃음은 금세 옆 사람으로 번지지요. 그래서 순식간에 교실은 웃음바다가 됩니다. 이처럼 웃음은 한 사람으로 인해 시작되었지만 금세 사방으로 퍼지지요. 그게 바로 웃음의 힘이에요. 슬픔도 두려움도 무서움도 웃음 앞에서는 꼼짝 못하지요. 웃음은 중독성이 강해 한번 웃으면 멈추기도 힘들어요. 웃음이 멈추지 않는 세상을 만들기 위해 지금 여러분부터 크게 한번 웃어 보세요.

🦋 **우리는 행복하기 때문에 웃는 것이 아니라 웃기 때문에 행복하다.**
— 윌리엄 제임스 (미국 심리학자)

　늘 웃는 사람을 보면 뭐가 그리 좋은 일이 있기에 늘 웃고 다닐까 하고 생각할 거에요. 그러나 꼭 좋은 일이 있어야만 웃는 게 아니에요. 어쩌면 그 사람은 행복을 얻기 위해 일부러 웃고 다니는지도 몰라요. 많이 웃다 보면 행복은 자연스럽게 따라오게 마련이지요. 웃는 사람을 보고 부러워만 말고 이제 웃으세요. 그럼 어느새 행복이 옆으로 다가와 함께 웃고 있을 거예요.

웃음은 어떤 핵무기보다 강하다.
― 오쇼 라즈니쉬 (인도 철학자)

어떤 사람이 아무리 밉고 싫어도 웃는 얼굴로 다가오면 어느새 미움도 싫어하는 마음도 사라져요. 그리고 서로 총칼을 들이대는 관계에 있더라도 마음을 열고 웃음을 나누면 둘은 어느새 같은 편이 되지요. 웃음은 모든 벽을 허물고 모든 장애를 뛰어넘어 모든 편견을 무너뜨리는 놀라운 힘을 가지고 있어요. 웃음만큼 강력한 무기는 없답니다.

웃으면 사람의 몸과 마음을 이롭게 하는 온갖 경이로운 일들이 일어난다.
― 앤드류 매튜스 (미국 작가)

긍정적인 사람은 늘 웃음을 달고 살지요. 행복한 사람은 늘 웃음을 달고 살지요. 건강한 사람은 늘 웃음을 달고 살지요. 여유로운 사람은 늘 웃음을 달고 살지요. 만족할 줄 아는 사람은 늘 웃음을 달고 살지요. 이처럼 웃음은 삶에 대해 희망과 용기를 심어 줘요. 웃으세요. 그럼 뜻하지 않는 행운이 찾아올 거예요. 몸도 마음도 최고의 날이 될 거예요.

1%의 시크릿

내 얘기 좀 들어 볼래?

나의 이름은 하브 켈러.
나는 미국 사우스웨스트 항공사의 사장이다.

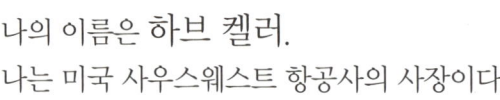

매일 나는 고민에 빠진다.
어떻게 하면 직원들을 즐겁게 해 줄까.
웃음이 넘치는 회사가 발전한다고
굳게 믿기 때문이다.

나는 직원에게 편안하게 다가가기 위해
권위 있는 사람보다는 웃기는 사람이
되어야겠다고 결심했다.

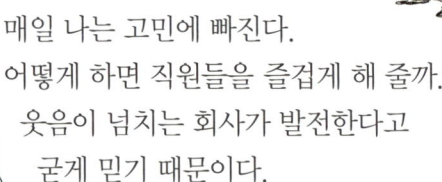

어느 날, 나는 슈퍼맨 복장을 하고
회사 정문에 나타났다.
직원들은 나의 모습을 보며
황당한 표정을 짓더니 곧 웃었다.
"사장님, 너무 웃겨요."

다음 날, 나는 스파이더맨 복장을 하고
회사 정문에 섰다.
"이번에는 거미네요. 정말 웃겨요."
직원들은 배꼽을 잡으며 웃었다.
나는 웃는 직원들에게 말했다.
"지금 그 기분으로 일하세요. 웃으면서 일하면
재미도 있고 능률도 오를 겁니다."
"그런데 사장님, 다음에는 무슨
복장을 하고 나타날 거예요?"

"그건 비밀이지.
미리 알면 재미가 없잖아.
하하하."

우리 회사는
늘 웃음이 끊이지 않았다.
그리고 웃음 덕분에 회사는
나날이 성장할 수 있었다.

여섯째 날 * 웃음의 비밀 | 171

일곱째 날
믿음의 비밀

사람과 사람 사이에는 믿음이라는 끈이 있어.

그 끈이 끊어지지 않게 늘 신경을 써야 해.

그러기 위해선 서로 배려하고

아껴 주고 이해를 해야 해.

믿음이라는 끈은 우리의 눈으로 잘 보이지 않아.

보이지 않기 때문에

상대방의 마음을 더더욱 믿어야 하는 거야.

사라진
샤프 하나의 진실

사라진 샤프 하나의 진실

"도대체 뭘 준다는 거지? 먹는 거면 좋겠다."
천하는 눈에 힘을 주며 말했다.
그러자 다희가 손가락으로 천하의 배를 콕 찌르며 말했다.
"너는 만날 먹는 것 타령이야? 먹는 거 그만 좀 밝혀라. 그나저나 뭘까?"
"그러게 말이야. 이번에도 인형을 주시려나?"
다른 아이들도 궁금한 건 마찬가지였다. 아이들은 카

네기의 방 앞에 한 줄로 서서 기다렸다. 잠시 뒤, 카네기가 방에서 나왔다.

성격 급한 나미가 먼저 카네기에게 물었다.

"카네기, 저희에게 줄 선물이 뭐예요?"

카네기는 오른손 두 번째 손가락을 치켜들더니 좌우로 흔들며 말했다.

"지금은 말할 수 없어. 너희들 내 방에 들어가면 선물이 뭔지 알게 될 거야. 선물은 책상 위에 있다."

카네기의 말에 아이들은 더욱 궁금증이 커졌다.

"도대체 뭐지?"

"입술 인형에 이어 이번에는 코 인형인가?"

"야, 코 인형이 어딨냐?"

"왜? 없으라는 법은 없지."

아이들은 참새처럼 재잘거렸다.

짝짝짝.

카네기는 아이들의 시선을 집중시키기 위해서 손뼉을 쳤다.

"이제 선물을 주겠다. 내 방으로 들어가렴."

아이들이 앞 다투어 들어가려고 했다. 그러자 카네기가 아이들을 불러 세웠다.
"잠깐잠깐, 한 명씩 들어가야 한다. 그리고 각자 선물을 한 개만 가져가야 한다. 알겠지?"
"예."

가장 먼저 나미가 방 안으로 들어갔다. 책상 위에 가지런히 놓여 있는 샤프를 발견했다.

나미는 혼잣말로 중얼거렸다.

"선물이 바로 샤프였구나."

나미는 샤프 하나를 들고 방을 나왔다. 나미가 밖으로 나오자 선물의 비밀은 밝혀지고 말았다. 태풍이는 나미가 손에 든 샤프를 보며 말했다.

"아, 선물이 바로 샤프였구나."

그제야 카네기가 고개를 끄덕이며 말했다.

"그래, 내가 너희들에게 줄 선물은 바로 샤프다. 이번에는 태풍이가 방에 들어가서 샤프 하나를 가져오너라."

태풍이가 방 안으로 들어갔다. 그리고 태풍이도 책상 위에 놓인 샤프 하나를 가져왔다.

이어 다른 아이들도 차례로 들어가 샤프 하나씩을 들고 나왔다.

아이들은 샤프를 만지작거리며 좋아했다.

카네기가 자기 방에 들어갔다 나오더니 좀 언짢은 표정을 지었다.

그러더니 카네기는 작은 목소리로 중얼거렸다.

"이상하다. 샤프 하나가 없네. 분명 샤프를 여덟 개 놓았는데……."

아이들은 샤프를 만지작거리며 떠드느라 카네기의 말을 듣지 못했다.

그러나 나미는 카네기가 중얼거리는 말을 들었다.

"휴~. 너희들 이제 그만 교실로 가렴. 나는 좀 쉬어야겠다."

카네기는 방 안으로 들어갔다.

카네기가 힘없이 방 안으로 들어가는 걸 보고, 나미는 마음속으로 생각했다.

'카네기가 우리들에게 실망을 한 게 분명해. 샤프 여덟 개를 책상 위에 놓았다면……. 우리들은 모두 일곱 명이잖아. 그럼 분명 누군가가 두 개를 가져간 게 분명해!'

교실로 돌아온 나미는 아이들을 한 사람, 한 사람씩 쳐다보았다. 그리고 마음속으로 생각했다.

'혹시, 태풍이가 아닐까? 왠지 수상해! 아니야. 태풍이가 그럴 리 없어. 어쩌면 다희일지도 몰라. 다희가 평소에 아기자기한 물건들을 좋아했잖아. 아니야, 다희도 아닌 것 같아. 그렇다면 혹시, 전우? 전우도 그럴리 없는데. 도대체 누가 두 개를 가져갔지?'

나미는 머리를 긁적거리며 자기도 모르게 큰소리로 외쳤다.

"도대체 누구야?"

아이들은 두 눈을 멀뚱거리며 나미를 쳐다보았다. 대로가 나미에게 말했다.

"나미야, 너 왜 그래? 누구냐니? 도대체 그게 무슨 소리야?"

나미는 입술에 침을 바르며 고개를 내저었다.

"아, 아니야. 그냥 혼자 뭘 좀 생각하다가 나도 모르게 그랬어."

그때였다. 다희가 뜬금없이 이런 말을 했다.

"이 샤프 참 예쁘다. 하나 더 있었으면 좋겠다."

다희의 말을 듣는 순간, 나미는 다희를 쳐다보았다. 그리고 마음속으로 생각했다.

'그래, 다희가 분명해! 두 개 있으면서 의심 받지 않으려고 괜히 그러는 거야.'

마음속에서 피어난 의심의 불꽃이 서서히 마음 전체를 뒤덮었다. 나미는 다희를 쳐다보는 게 불편하고 왠지 꺼림칙했다.

나미는 교실 밖으로 나왔다. 걷다 보니 어느새 교실 뒤

편 꽃밭까지 오게 되었다.

"어? 카네기. 여기 있었네요."

카네기가 꽃밭에 물을 주고 있었다.

"응, 나미구나. 여기는 어쩐 일이니?"

나미는 한숨을 내쉬며 카네기 옆에 쪼그리고 앉았다.

"무슨 고민이 있구나? 그렇지?"

"……."

"내가 한번 맞춰 볼까? 혹시, 네 마음속이 의심으로 가득하지 않니?"

카네기의 말에 나미는 깜짝 놀라 그만 뒤로 엉덩방아를 찧고 말았다.

나미는 너무나 깜짝 놀란 나머지 말을 더듬거렸다.

"그, 그걸 어떻게 아세요?"

갑자기 카네기가 정중히 나미에게 고개를 숙이더니 말했다.

"나미야, 미안하구나. 내가 너에게 믿음이라는 걸 알려 주기 위해서 일부러 그런 것이다."

"예? 그게 무슨 말씀이세요?"

"사실은 책상 위에 놓아 둔 샤프는 일곱 개가 전부였다. 그러니 아이들이 샤프를 하나씩만 가져간 게 분명하지. 그런데 내가 샤프를 여덟 개 놓았다고 슬쩍 말을 흘린 거란다. 그 말을 네가 들었던 거지."

그제야 나미는 안도의 한숨을 내쉬었다.

"몰라요! 괜히 저는 친구들을 의심했잖아요. 양심을 속인 친구랑 앞으로 어떻게 지낼까, 괴로웠단 말이에요."

카네기는 나미의 손을 잡으며 다시 한 번 사과를 했다.

"정말로 미안하다. 그 대신 너에게 소중한 믿음에 관한 이야기를 들려주마."

옛날 어느 마을에 오래된 아주 큰 나무 한 그루가 서 있었어.

그 나무 위에는 매들이 살고 있었지. 매의 둥지에는 이제 갓 태어난 새끼들도 있었어.

그리고 나무 밑에는 멧돼지 부부가 살고 있었어.

꿈·을·이·루·는·인·간·관·계·의·일·곱·가·지·비·밀

물론 멧돼지 부부에게도 귀여운 새끼들이 있었지.
매와 멧돼지는 서로 눈이 마주칠 때마다 반갑게 인사를 나눴어.
"거기 아래는 별일 없죠?"
"예, 거기 위에도 별일 없죠?"

매와 멧돼지가 이렇게 친하게 지내자, 샘이 난 여우가 둘을 떼어 놓으려고 했어.

어느 날, 여우는 나무 위에 있는 매에게 이렇게 말했어.

"매야, 너 멧돼지를 조심해. 지금 멧돼지가 나무 밑둥을 갉아 먹고 있어."

"왜 그러는데?"

"나무를 쓰러뜨리려고 해. 그래서 둥지에 있는 너희 새끼들을 잡아먹으려는 거지."

"그게 정말이야?"

매는 무척 화가 났지.

오후가 되자, 이번에는 여우가 멧돼지에게 이렇게 말했어.

"멧돼지야, 너 매를 조심해. 네가 잠깐 자리를 비우는 사이, 매가 네 새끼를 잡아먹을지도 몰라."

"그게 정말이니?"

"그렇다니까!"

매와 멧돼지는 서로를 믿지 못했어. 하루하루 지날

수록 서로에 대한 의심이 날로만 커져 갔지. 그래서 둘은 서로를 미워하게 되었지. 더욱이 둘은 잠시도 자리를 비울 수 없었어. 혹시라도 자리를 비우는 동안 새끼들이 위험할지도 모르기 때문이지.

며칠 동안 매와 멧돼지는 꼼짝도 하지 않았지. 결국 둘은 굶어 죽고 말았어.

"의심은 불씨와 같단다. 한번 불이 붙으면 순식간에 활활 타오르게 되지. 그래서 서로가 괴로운 거야."
"아, 그래서 제 마음이 괴로웠던 거군요."
"사람들 사이에 믿음이 없으면 결국 모두 다 돌이킬 수 없는 상황에 빠지게 돼. 그러니 의심보다는 믿음을 선택해야 해. 이야기 또 하나 들려줄게."

물고기 두 마리가 있었어. 그런데 며칠 동안 물고기들은 아무것도 먹지를 못했어.
"왜 이렇게 먹을 게 없지?"

"그러게 말이야."

바다 이곳저곳을 돌아다녀도 먹을 게 하나도 보이지 않았어.

그런데 어느 날, 회색 물고기 눈앞에 맛있게 보이는 지렁이 한 마리가 보였어.

"어? 지렁이다."

회색 물고기가 지렁이를 먹으려 하자, 파란 물고기가 말렸어.

"그거 먹으면 안 돼! 그건 미끼야. 그것을 먹었다가는 낚싯바늘에 네 입이 걸리고 말 거야."

그러자 회색 물고기가 파란 물고기를 째려보며 말했어.

"그게 무슨 소리야? 너, 혹시 이 지렁이가 탐나서 그러는 거니?"

"아, 아니야. 그게 아니야. 정말로 그걸 먹으면 위험해!"

회색 물고기는 파란 물고기의 말을 믿으려 하지 않았어. 끝내 회색 물고기는 지렁이를 입으로 덥석 물

없어.

결국 회색 물고기는 낚싯바늘에 걸려 죽고 말았지.

"누군가를 의심하기 전에 명심할 것은 한번 의심하기 시작하면 끝이 없다는 거야. 그러니 의심하기 전에 한 번 더 믿어 줘야 해. 믿음이 강하면 의심이 들어올 틈이 없어. 믿음이 깨지면 우정도 사랑도 모두 깨지고 말지. 그러나 믿음이 있으면 우정도 사랑도 영원하지. 이야기를 하나 더 들려줄게."

어느 마을에 우정을 나눈 두 청년이 함께 살고 있었어.

그런데 눈이 큰 청년이 급한 일 때문에 밖을 나가게 되었어. 방에 홀로 남은 눈이 작은 청년은 자기의 짐을 정리하다가 그만 깜짝 놀랐어. 자기 돈 30냥이 없어졌기 때문이지.

눈이 작은 청년은 방 구석구석을 샅샅이 뒤졌어.

그런데 돈은 보이지 않았어.

"나쁜 놈! 내 돈을 훔쳐 가다니!"

눈이 작은 청년은 친구를 의심했어.

"자네 왜 그러나? 왜 자꾸 그런 눈으로 나를 쳐다 보나?"

눈이 큰 청년은 눈이 작은 청년에게 물었어. 그러자 눈이 작은 청년이 돈이 없어졌다고 말했어.

"그럼 지금 나를 의심하는 건가?"

"당연하지. 이 방에는 자네와 나밖에 없지 않는가?"

눈이 큰 청년은 밖으로 뛰쳐나갔어. 그러더니 깊은 밤, 다시 들어와 돈 30냥을 눈이 작은 청년에게 내밀며 말했어.

"미안하게 되었네. 나를 용서하게. 여기 30냥일세."

"알았네, 이번만은 용서해 줌세."

그런데 눈이 작은 청년이 화장실을 가려고 밖으로 나왔다가 30냥이 마당 한켠에 떨어져 있는 것을 발견했어.

"어? 이게 어떻게 된 거지?"

사실은 눈이 큰 청년은 돈을 훔쳐 가지 않았지. 그런데 친구를 위해 자기 돈을 준 거야. 무엇보다도 우정이 깨지는 걸 막기 위해서였지.

눈이 작은 청년은 친구에게 무릎을 꿇고 빌었어.

"미안하네, 친구. 내가 자네를 의심하다니 정말로 나를 용서해 주게."

그 뒤로 두 친구는 더더욱 서로를 굳게 믿는 사이가 되었지.

"믿음은 서로를 연결하는 끈과 같은 거야. 믿음이 강하다면 그 어떤 것이라도 절대로 그 끈을 끊을 수 없지. 내 이야기는 여기까지다."

여전히 카네기는 나미의 얼굴을 보기가 민망했다. 나미를 속인 게 마음에 걸렸기 때문이다.

"참 좋았어요. 비록 카네기한테 속았지만 그래도 아주 소중한 걸 배웠어요. 그리고 이제 내 마음에도 믿음의 꽃이 활짝 핀 것 같아요."

"그러니? 네가 그렇게 말해 주니 내 마음이 한결 가벼워지는구나."

그때였다.

나비 한 마리가 팔랑팔랑 나미의 주위를 돌더니 나미의 머리 위에 사뿐이 내려앉았다.

"나미야, 네 머리에 나비가 앉았구나. 네가 꽃인 줄 아나 봐?"

"정말요? 정말로 나비가 저를 꽃으로 알았을까요?"

"물론이지. 이 정원에 있는 꽃보다도 네가 훨씬 더 아름다운걸!"

나미의 입가에 웃음이 번졌다.

"저 그만 가 볼게요. 이제부터 친구들을 볼 때 믿음의 눈으로 봐야겠어요."

"그래, 그런 마음이 있다면 분명 네 주위엔 믿음직한 친구들이 항상 있게 될 거야."

나미는 나비처럼 양팔을 흔들며 사뿐사뿐 걸어갔다.

그 모습을 바라보며 카네기는 흐뭇한 웃음을 지었다.

그렇게 또 카네기는 아이들에게 '믿음의 비밀'을 전해 주었다.

시크릿 노트

우정을 나눈 두 친구

옛날에 우정을 나눈 두 친구가 있었다.

그런데 한 친구가 억울한 누명을 뒤집어썼다. 그래서 사형을 당하게 되었다.

드디어 사형 날짜가 다가왔다. 사형수는 왕에게 눈물을 흘리며 말했다.
"마지막 소원입니다. 어머니를 한번만 보고 오게 해 주세요."
그러자 왕은 고개를 내저었다.
"어머니를 보고 오겠다는 핑계로 도망을 가려는 게 아니냐?"
"아닙니다. 꼭 저녁까지 돌아오겠습니다."
왕은 허락하지 않았다. 그런데 그때, 사형수의 친구가 왕에게 말했다.

"제 친구가 저녁까지 돌아오지 않으면 제가 대신 죽겠습니다. 그러니 제 친구를 보내 주십시오."

왕은 허락했다. 그래서 사형수는 집으로 가게 되었다.
어느새 저녁이 되었다. 사형을 집행할 시간이 다가온 것이다.

왕은 사형수의 친구에게 말했다.
"너는 그놈에게 속았다. 자, 봐라. 지금 사형을 집행할 시간이 다 되었는데도 그는 돌아오지 않았다. 죽음이 두려워서 너를 버린 것이다."

"아닙니다. 제 친구는 분명 돌아올 겁니다."

"나 같아도 돌아오지 않겠다. 돌아오면 죽을 텐데 뭐 하러 돌아오겠니? 이제 네가 대신 죽어야겠다."
친구는 두 눈을 감으며 말했다.
"설령 제 친구가 오지 않더라고 제가 대신 죽겠습니다. 분명 제 친구에게 무슨 사정이 있을 겁니다."
그런데 바로 그때였다.
저 멀리서 사형수의 목소리가 들렸다.

"제가 왔습니다. 이제 제 친구를 풀어 주십시오."

왕은 사형수에게 물었다.
"왜 늦게 왔느냐?"
"큰비가 오는 바람에 강물이 불었습니다. 그래서 시간이 걸렸습니다. 이제 제 친구를 풀어 주십시오."
왕은 미소 지으며 사형수와 그의 친구에게 말했다.
"약속을 지키기 위해 죽음을 두려워하지 않은 사형수와 그리고 사형수를 믿고 기꺼이 죽음을 받아들인 친구. 둘 사이의 우정이 너무나 아름답구나. 여봐라, 이 둘을 당장 풀어 주겠노라."
왕은 참된 우정에 감동하여 둘을 풀어 주었다.

시크릿 박스

🦋 만일 누가 믿음을 잃었다면, 그에게는 의지하고 살 수 있는 무엇이 남았는가?

― 로저 베이컨(영국 철학자)

사람에 대해 믿음이 없고 의심만 있다면 참으로 괴로울 거예요. 상대를 믿지 못하기 때문에 쉽사리 약속도 할 수 없고 또한 상대가 나에게 폐를 끼치지 않을까 하는 생각에 쉽게 다가갈 수도 없지요. 사람에 대한 믿음이 없으면 결국 혼자가 되지요. 남을 믿어야 남도 나를 믿어 주고 서로 마음을 나눌 수 있어요. 의심보다는 믿음으로 먼저 다가가세요.

🦋 사랑이나 지성보다 더 귀하고 나를 행복하게 해 준 것은 믿음으로 다져진 우정이다.

― 헤르만 헤세(스위스 작가)

때로는 남녀 사이의 사랑도 변할 수 있어요. 서로의 입장만 고집한다면 그 사랑은 순식간에 금이 가지요. 또한 지성도 지식도 시대에 따라 변해요. 그러나 믿음으로 다져진 우정은 시간이 흘러도 장소가 바뀐다 해도 변하지 않지요. 그 누가 그 우정을 깨뜨리려 해도 서로에 대한 믿음이 있다면 그것은 절대로 깨지지 않지요. 오히려 더 강해지지요.

믿는 것은 강하게 되는 것이다. 의심은 에너지를 빼앗아 가는 것이다. 믿음은 힘이다.

– 프레드릭 로버트슨(영국 선교사)

아주 작은 틈이 댐을 무너뜨릴 수 있어요. 인간관계에 있어 그 작은 틈은 바로 의심이에요. 남을 한번 의심하기 시작하면 모든 것이 다 의심스러워지지요. 그러다 보면 인간관계는 곧 금이 가고 결국 무너지고 말아요. 의심은 서로의 마음에 상처를 주고 관계를 끊은 독과 같아요. 믿음을 가지세요. 믿음의 눈으로 세상을 보면 세상 모든 것이 다 좋아 보입니다. 믿음은 삶의 비타민이며 인간관계의 꽃입니다.

믿음은 삶을 이끈다. 삶을 두려워 말라. 삶은 살아 볼 만한 가치가 있는 것이라고 믿어라. 그 믿음이 가치 있는 삶을 창조하도록 도와줄 것이다.

– 로버트 슐러(미국 목회학 박사)

믿는 대로 이루어진다는 말처럼 자기 안에 강력한 믿음이 있다면 두려움도 없고 의심도 사라져요. 그러나 한 번 의심을 품게 되면 그 의심은 순식간에 부풀려져 모든 것을 다 흔들어 놓지요. 힘들고 괴로울 때 희망을 믿고, 친구 간에 미움이 싹틀 때 우정을 믿으세요. 그 믿음이 분명 긍정적인 결과를 가져올 것이며 행복한 삶으로 이끌 거예요.

1%의 시크릿

내 얘기 좀 들어 볼래?

나는 영국의 총리 윈스턴 처칠이다.
내 소중한 친구에 관한 이야기다.

어릴 때, 나는 호수에서 수영을 하다가
그만 발에 쥐가 나서 물에 빠져
죽을 뻔했다. 그때, 플레밍이라는
아이가 나를 구해 줬다.

그 아이와 나는
많은 대화를 나눴다.
플레밍의 꿈은 의사인데
돈이 없어 학교를 갈 수 없다고 했다.

나는 플레밍을 돕고 싶었다.
그는 반드시 훌륭한 의사가 될 거라 믿었다.
아빠를 졸라 플레밍을 돕게 했다.
결국, 아빠의 도움으로 플레밍은
의대에 다녔고 의사가 되었다.

그런데 나는 스물여섯 살에 그만
폐렴에 걸리고 말았다.

폐렴에 걸려 죽을 날만을 기다리고 있는데
플레밍이 내 앞에 나타났다.
"날 믿어! 넌 살 수 있어!"

플레밍은 '페니실린'이라는 치료약을 가져와
나를 치료해 주었다.

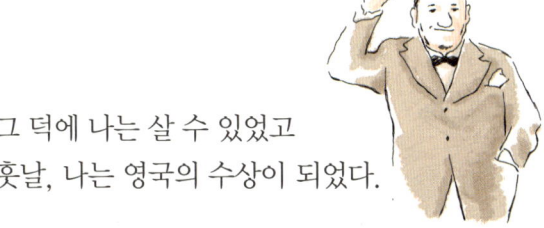

그 덕에 나는 살 수 있었고
훗날, 나는 영국의 수상이 되었다.

믿음으로 다져진 아름다운 우정이
나를 있게 했고
플레밍을 있게 했다.

이해,
칭찬,
경청,
관심,
배려,
웃음,
믿음 …….
.
.
.
좋은 인간관계를 맺게 하는 아름다운 꽃들이야.
.
.
하지만 꽃은 스스로 피지 않아.
바람과 물과 햇볕이 필요하듯
좋은 인간관계를 맺고 발전시키려면
너의 의지와 사랑이 필요해.

졸업식 : 사랑의 숲을 이루기 위해
카네기 캠프를 나서다

아이들이 카네기 캠프에 온 지 벌써 일주일이 지났다. 이제는 각자의 집으로 돌아갈 시간이다.

"왜 이렇게 시간이 빨리 지나가지?"

"정말 그래. 며칠 더 여기서 지내고 싶다."

"우리 다시 만날 수 있겠지?"

"물론이지, 서로 연락하자."

아이들은 일주일 동안 함께 지내면서 정이 들었다. 모두 다 헤어지기가 싫은지 얼굴에 아쉬움이 가득했다.

잠시 뒤, 카네기가 아이들 앞에 나타났다.

태풍이가 고개를 푹 숙인 채 힘없이 말했다.

"카네기, 이렇게 헤어져야 해요?"

카네기는 태풍이의 머리를 쓰다듬으며 말했다.

"아쉽구나! 나도 너희들이랑 헤어질 생각을 하니 마음이 아프구나. 그러나 너무 슬퍼하진 마. 옛말에 '회자정리 거자필반'이란 말이 있어. 이 말처럼 만난 사람은 헤어지게 마련이지만 반드시 다시 만난다고 했어. 분명 다시 만날 기회가 있겠지."

"정말요?"

"그렇다니까. 시간 날 때, 언제 한번 다들 놀러 오너라."

카네기는 일일이 아이들과 악수를 했다. 다희는 눈망울이 촉촉이 젖었다.

"다희야, 웃으렴. 웃는 얼굴이 넌 가장 예뻐."

"예."

다희는 애써 웃음을 지었다.

카네기는 커다란 상자 하나를 아이들 앞에 꺼내 놓았다.

"카네기, 이게 뭐예요?"

"헤어지기 전에 너희들에게 줄 게 있어."

카네기는 상자 안에서 무엇인가를 꺼냈다. 그건 아주 작은 '나무 묘목'이었다.

"어? 이건 작은 나무잖아요."

"그래, 묘목이야."

카네기는 아이들에게 묘목을 하나씩 나눠 주었다. 아이들은 서로 묘목의 키를 재 보며 즐거워했다.

"그런데 왜 이걸 저희한테 주는 거죠?"

천하는 눈을 깜박거리며 카네기에게 물었다.

"비록 작은 묘목이지만 언젠가는 숲을 이루겠지. 너희들이 잘 키우렴. 그리고 그 묘목이 자라는 동안, 이곳에서 배우고 느끼고 깨달은 것을 잊지 않았으면 좋겠어. 그렇게 할 수 있겠지?"
"예, 그럴게요."
아이들은 카네기의 말을 가슴 깊이 새겼다.

"그런데 이 묘목을 어디에 심어야 하지요? 혹시 공원 옆 소나무 숲에 심어야 하나요?"

후정이가 손가락으로 입술을 툭툭 튕기며 카네기에게 물었다.

카네기는 고개를 흔들며 말했다.

"그럴 필요 없다. 이미 소나무는 숲을 이루었기 때문에 굳이 소나무 숲에 심을 필요는 없다. 집에 정원이 있으면 그곳에 심어도 되고 아니면 각자의 학교에 심어도 되겠지."

후정이는 고개를 끄덕이며 말했다.

"아, 예. 집에 정원이 없으니까 나는 우리 반 앞 정원에 심어야겠다."

옆에 있던 천하도 즐거워하며 말했다.

"나도 나도. 학교에 심어야겠다."

카네기는 눈을 반달 모양으로 만들며 아이들을 흐뭇하게 바라보았다.

"다들 잘 크렴. 나의 나무들아."

전우는 빙그레 웃으며 말했다.

"우리가 나무인가요?"

카네기는 고개를 끄덕이며 말했다.

"물론이지, 너희들은 나의 소중한 나무지. 사람 나무."

"사람 나무요?"

"그래, 사람 나무. 내가 일주일 전에 너희들을 처음 만났을 때, '사람의 숲'이라는 말 했던 거 기억하니?"
"예."
"바로 너희들이 아름답고 행복한 '사람의 숲'을 이루게 될 나의 첫 번째 나무들이란다. 어디 가든 늘 서로 사랑하고 힘들고 지친 사람들을 보면 마음으로 돕고 상대방의 마음을 잘 이해해서 부디 멋진 사람으로 커주기 바란다. 그럼 분명 너희들은 무럭무럭 자라 먼 훗날, 행복하고 아름다운 큰 숲을 이룰 수 있을 거야."
"와, 정말 우리가 그럴 수 있을까요?"
"물론이지, 너희들은 이미 숲을 이룬걸. 일곱 그루의 나무가 이렇게 모여 있으니 숲이지."
"정말 그러네요."
아이들은 서로의 얼굴을 바라보며 환하게 웃었다.
카네기는 시계를 바라보았다. 카네기 캠프를 정말로 떠나야 할 시간이 되었다.
"정말로 헤어질 시간이구나."
"아이~."

아이들은 몸을 흔들며 아쉬움을 표시했다. 카네기도 아쉽고 서운했지만 애써 태연한 척하며 말했다.

"너희들 안 갈 거야? 엄마, 아빠 보고 싶지 않아? 어서 가야지. 엄마, 아빠도 너희들을 기다리고 계실 거야."

천하가 어리광을 피우듯 손가락을 쪽쪽 빨며 말했다.

"정말로 엄마, 아빠 보고 싶다."

그러자 태풍이가 천하의 옆구리를 찌르며 장난스러운 말투로 말했다.

"넌 덩치는 남산만 한 게 완전 응석받이구나."

"하하하."

아이들은 웃음보를 터트렸다.

아이들의 환한 웃음소리를 들으니 카네기도 행복했다.

"이제 너희들을 정말로 보내야겠구나. 어서 가라."

"예."

아이들은 나란히 서서 카네기에게 정중히 인사를 했다.

"그럼 안녕히 계세요. 다음에 꼭 놀러 올게요."

"그래, 기다리마. 조심히 잘 가거라."

아이들은 손을 흔들며 걸어 나갔다. 카네기도 아이들에게 손을 흔들었다.

일곱 아이들은 서로 손을 잡고 카네기 캠프를 나섰다.
 카네기는 다정하게 손을 잡고 가는 아이들의 모습을 바라보며 흐뭇한 웃음을 지었다. 손을 맞잡고 가는 아이들은 마치 거대한 숲처럼 보였다.

어린이를 위한 시크릿 실천편 카네기 캠프

펴낸날	초판 1쇄 2009년 1월 20일
	초판 13쇄 2021년 8월 2일

지은이 **최염순 · 김현태**
그린이 **김미정**
만 화 **강성남**
펴낸이 **심만수**
펴낸곳 **(주)살림출판사**
출판등록 1989년 11월 1일 제9-210호

주소 경기도 파주시 광인사길 30
전화 031-955-1350 팩스 031-624-1356
홈페이지 http://www.sallimbooks.com
이메일 book@sallimbooks.com

ISBN 978-89-522-1069-2 73190

살림어린이는 (주)살림출판사의 어린이 브랜드입니다.

※ 값은 뒤표지에 있습니다.
※ 잘못 만들어진 책은 구입하신 서점에서 바꾸어 드립니다.

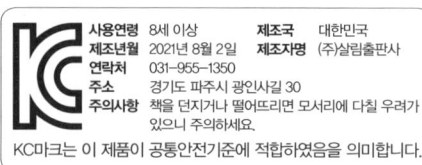

사용연령 8세 이상   제조국 대한민국
제조년월 2021년 8월 2일   제조자명 (주)살림출판사
연락처 031-955-1350
주소 경기도 파주시 광인사길 30
주의사항 책을 던지거나 떨어뜨리면 모서리에 다칠 우려가
         있으니 주의하세요.
KC마크는 이 제품이 공통안전기준에 적합하였음을 의미합니다.